間違いだらけの老人ホーム選び

小嶋勝利

プレジデント社

まえがき

今、老人ホームに入居している高齢者は、２種類に分かれます。皆さんは、それが何だかわかりますか？

一つは、自分の意思と判断で老人ホームに**入居している高齢者**です。もう一つは、家族の意思と判断で老人ホームに**入居させられている高齢者**です。

前者は、本人が進んで老人ホームでの生活を望み、後者は本人の意に反して、無理やり収容（この言い方が現実的な表現だと思います）されている高齢者です。

そして、多くの介護系の老人ホームの入居者は、後者の高齢者ばかりです。

前者の高齢者は、自宅では体験することができない利便性を求め、後者の高齢者は、子供ら家族の快適性を守るために、老人ホームに入居しています。

これが高齢者側から見た老人ホームの実態です。すべてとは言いませんが、ほとんどがこのケースです。

ただし、この視点だけ見て評論をすることは、当然ながら充分ではありません。家族、特に子世代の視点で考えなければなりません。

こういうことです。子世代にとって、元気な親が老人ホームに入居するということは、一見、何も問題はなさそうに思えます。自分の持っている資産を親がどう使おうと、それは親の自由です。親の人生なんだから、親の好きなようにすればいいのでは？　と、そう思います。

しかし、現実は違います。世間体を考えた場合、親が老人ホームに入っているという事実は、子供にとって「不義理な子供」と見られる可能性があります。

さらに、ことを複雑で深刻にしているのは、経済的な視点です。当てにするなと言われても、あるものは当てにします。親が老人ホームに入居する年代の子世代の多くは、50代から60代です。この世代の多くは、子育てにひと段落し、そろそろ自分の老後を考えなくてはならない世代です。今までは、子供の教育のために多額の金がかかり、今度は、自分の老後のために、金がかかることを思い知らされる世代です。そして、多くは、自分の老後資金が足りない、という現実を目の当たりにします。

だから、もし、親が残してくれる財産があるのであれば、それを〝勘定に入れたい〟という気持ちになることにも頷《うなず》けます。ですから、親が自ら老人ホームに入居したいとか、老人ホームの入居費用は自宅を売却して賄《まかな》いたい、とかと言い出すと、スムーズに「それで、いいんじゃない」とは言えません。

多くのケースでは「そんな散財しないで、今の家で生活をしていればいいじゃないか」と言って反対するのです。そういうわけで、高齢者が自分の判断で、進んで入居を決断する老人ホームは、おしなべて高級老人ホームなのです。入居金1億円なんていう老人ホームもけっして珍しくありません。

このぐらいのお金を、ポンッと出せるような親でなければ、子供らから同意が取れないからです。子供の立場からすると、1億円ぐらい、総資産や所得から考えた場合〝安いものだ〟という感覚です。

逆に、強制的に老人ホーム送りになっている親の子供らは、どういう状態にあるのでしょうか？　よくある話は、親の認知症状が悪化し、社会に迷惑をかけるような事件を何回も起こしているとか、体が不自由になって自分の下の始末ができなくなったというパターンで、自宅に置いておくことができなくなるケースです。

さらに、始末が悪いのは、親本人は、気にするどころか、どこ吹く風なので、子世代にとっては、余計、苛立《いらだ》ちます。早く、親を老人ホームに入れないと、自分たちの生活がままならない、という気持ちです。

子供が結婚している場合は、夫婦間の個別事情が加わりますから始末が悪いということです。

国は、介護保険サービスを充実させ、可能な限り、在宅で高齢者が生活の継続ができるように考えていますが、現実に沿ったサービスになっているとは、とても言えません。親の資産が潤沢《じゅんたく》にあれば、早期に介護施設に入居させて、楽になることもできますが、そうではないため、現実は、ぎりぎりまで自宅で何とかした上で、親の年金額内で賄うことができそうな老人ホームを探します。したがって、今の老人ホームの多くのニーズは、とにかく〝安いホーム〟ということなのです。これが多くの方の現実なのです。

私は、長年、老人ホーム業界で仕事をしています。そして、これらの現象をたくさん見てきました。その私が出した結論は、老人ホームの話の中心にあるのは、介護ケアの話ではなく、「家族の話である」ということです。大袈裟《おおげさ》に言うと、自分の老後は、自分の子供をどう育てるか、どう教育（仕込む）するかがすべてだと思います。

「介護の沙汰も金次第」。私は、本書でも、他の書籍でも、何度もこのことを繰《く》り返し主張しています。お金があれば、ある程度のことは、解決することができるからです。

しかし、現実的な視点で考えた場合、多くの人たちが、そうたやすく多額のお金を貯めることも、手に入れることもできません。だとすると、可能性の話でいうなら、仲の良い家族を作ることのほうが現実的なのかもしれません。

本音で、なんでも言い合うことができる家族がいること。もう、手遅れだ！　という声が聞こえてきそうですが、普通の人が、長生き社会の中で、老人介護と対峙していくためには、仲の良い家族を持つということが、一番良い方法なのだと思います。

こう言うと、俺は生涯独身だ！　という声が聞こえてきますが、そういう方にも、兄弟や友人、知人など、仲間はいるのではないでしょうか？　さらに、多少資産があれば、老人ホームで「疑似家族」も持てます、と言いたいのです。

どうか本書が、老人ホーム入居という動機を通して、「家族とは何か」「親とは何か」「子とは何か」を考えるきっかけになってくれることを願ってやみません。

本書編集担当者である水無瀬尚さんには、ひとかたならぬご尽力をいただきました。彼の編集なくして、本書の刊行はなかったと思います。この場をお借りし、感謝の意を表したいと思います。

2021年10月　晩秋の川崎にて

小嶋勝利

間違いだらけの老人ホーム選び　◎　目次

第1章 後悔しないために、これだけは知っておきたい

第2章

体験入居と口コミが役に立たないワケ

第3章

間違いだらけの老人ホーム選び

第4章 転ホームの勧め

第1章

後悔しないために、これだけは知っておきたい

老人ホーム選びの極意とは何か？

世の中には、どこから見ても良い老人ホームなどはありません。あるのは、あなたに合った老人ホームだけです。「住めば都」。昔の人はよく言ったものです。

みなさんは、常日ごろ、こんなことを言ったり、聞いたりしてはいませんでしたか？

家族や夫婦で旅行に行き、高級ホテルや旅館に泊まって帰ってきた時のこと。

「やっぱり、うちが一番いいね」と。

どんなに豪華で贅沢《ぜいたく》な場所で、時を過ごしたとしても、そこはあくまでも非日常なのです。けっして日常ではありません。多くの人にとって、非日常の中で長時間過ごすということは苦痛なのではないでしょうか。

私たちは、老人だろうと認知症だろうと、今、このリアルな日常の時間を過ごしているのです。「狭いながらも楽しいわが家」「起きて半畳、寝て一畳」そんな言葉も浮かびます。

老人ホーム選びは、人生の終わり近くで、リアルに過ごす場所選びにほかなりません。非日常性を求める夢の世界ではありません。

本書を熟読していただければ、良いホームとは何かがわかります。老人ホームとは何かがわかります。繰り返しますが、すべての条件を満たしたホームなどありません。あるのは、自分に合ったホームだけです。しかし、私は老人ホーム選びのプロとして、多くの読者のリクエストに応《こた》えなければなりません。だから、あえて言います。良い老人ホームとは、どのようなホームなのか、を。

私が考える良いホームとは、ひと言で言えば「空室がないホーム」のことを言います。空室があるホームは、良いホームではありません。ダメなホームです。したがって、良い老人ホームを探すには、空室のないホームを探して、そこに「入居」することです。そうすれば、良いホームに入居できるはずです。

誤解を恐れずにあえて言います。良い老人ホームがあるとするなら、それは、常に満室、空室がないホームです。空室が多いホームは、ダメホームです。泣こうが喚《わめ》こうがこれが絶対的な「結論」です。

「終《つい》の棲家《すみか》」とは、いったい何か？

多くの老人ホーム、特に介護付きの老人ホームというのは、世話に困った親を子供の判断で強制的に入居させるところです。みなさんからの批判を恐れずに、あえて起きている現象だけで判断をすれば、「いらなくなった〝ゴミ〟を捨てる処分場が老人ホーム」です。だから、一度入居したら、途中で出てきてもらっては困るし、最後まで、そこにいてくれなくては困ります。したがって、入居者の家族（主に子供）、老人ホームの運営会社は、ともに、この考え方に基づいてホームを運営しています。

この現象に対し、多くの方は、老人ホームは「高齢者にとって〝終の棲家〟だ」と言って、どちらかというとホームを高く評価しているように思います。現実的には単に、厄介《やっかい》払いをしているだけなのですが……。私はこの「終の棲家」という表現に対し、大きな違和感を持っています。

しかしこれが、基本的な今の老人ホームの運用実態です。だから、多くの子世代は、老人ホームのことを、真剣に考えることをしていません。そのために、自分の貴重な時間を使うこともしません。したがって、この本が熱心に子世代に読まれることもないのかもしれません。そう思うと本当に、虚《むな》しさだけが残ります。

こういう現実の中で「素晴らしい老人ホーム」や「良いサービスを提供する老人ホーム」が、この社会に出現すると思いますか？　出現するはずがありません。だって、まともな老人ホームなど、現実的には、誰にも求められていないのですから。

老人ホーム側に求められていることは、一部の富裕層向けの老人ホーム（入居金が2000万円超のホームが目安）を除き、超効率的に入居者を管理し、最終的には、家族や病院に迷惑をかけずに、入居者の生涯を終わらせることを目的として運営することです。正確に言うと、介護保険法という法律がそのことを望んでいるので、介護保険法を忠実に厳守している老人ホームは、自動的にそうなっていきます。

唯一の例外は、介護保険報酬を当てにしなくても運営ができる有老ホーム、平たく言えば、高額な入居者負担が必要な高級老人ホームだけです。

したがって、今後は、工場や物流施設のように、より効率よく運営する仕組みや、機械を導入する老人ホームが増えていくはずです。

私たちは、やがて誰にでも100％やってくる「老後」のために、もっともっと真剣に、自分の老後の在り方について考えてみるべきではないでしょうか？

人生１００年時代と言われています。現実的に考えても80年近くは生きると考えた場合、それ以前に比べてまともな仕事ができない最後の20年程度は、健康状態、経済状態がきわめて不安定の中で生きていくことになります。

この20年間をどう生きるのか？ 実はこのことが、人生の中でかなり重要なキーワードだと私は思っているのですが、周囲を見渡しても、この部分に焦点を定めて生きている人は皆無と言ってもいいでしょう。

運よく、この書籍とご縁のあった方は、老人ホームのことを考えるということを通して、ぜひ、自分の高齢期の生活についても考えてみてほしいと思います。

ひと口に老人ホームというけれど……

私の肌感覚で申し上げると、自立型の高級老人ホーム（元気な高齢者用老人ホーム）には、かなり質の高い老人ホームが多くあります。ただし、一般庶民には、高嶺《たかね》の花です。まさに「介護の沙汰《さた》も金次第」ということがわかります。

逆に、要介護者を対象としている介護型（ここでは、「介護付き」ではなく、主に要介護者をターゲット入居者としている老人ホームのことを指します）の老人ホームには、質の低い老人ホームが多いと感じています。なお、ここで言う「質」とは、生きていくための「住環境の質」のことを言います。介護サービスの質ではありません。

ちなみに、介護サービスの質は、介護職員の質とイコールなので、質の高い介護職員がたくさんいる老人ホームは、当然、質の高い老人ホームになります。介護職員の質については、後ほど、別の章にて説明します。

それでは、なぜ、このような現象、つまり、自立型ホームのほうが住環境の質が高くなるという現象が起きるのでしょうか？　答えは簡単です。自立型の老人ホームの場合、老人ホームを探して、入居を決めている人が本人、当事者だからです。そして多くのケースでは、親が勝手に老人ホームを探して、子供に結果だけを報告、子供から猛反対をされるというパターンが多く見られます。

当然、経済的な負担を子世代に依存するわけではないため、子世代が反対しても、親が強い意志を持って決断をすれば、どうにもなりません。そこには、親の財産を当てにしている子世代がいる、という構図が浮かび上がってきます。

しかし、介護型の老人ホームの場合、少し様子が違ってきます。老人ホームを探すのは、親、つまり入居者本人ではなく、ほとんどのケースは子世代です。世の中の老人ホームの大多数を占める介護型の老人ホームは、言い換えれば、親のためではなく、子供のために存在している、ということになります。もっと言えば、介護保険制度とは、要介護高齢者のためではなく、要介護高齢者を持つ子供のための制度だとも言えます。

乱暴な言い方になりますが、介護型の老人ホームは「他人事《ひとごと》」のホームなのです。したがって、批判を恐れずに言えば、多くの子供世代にとっては、「自分が入居する老人ホームではないため、できるだけお手軽に、効率よく探したい、そしてできるだけ費用もかけたくない」ということになるのです。

さらに、この現象を加速させているのは、親は2人しかいない、という現実です。この2人のうち、子世代が老人ホームを探さなくてはならなくなるような状態に陥《おちい》る親は、連れ合いが亡くなった後の50％以下のはずです。つまり1人以下です。

冷静に考えた場合、おおむね80歳以下の高齢者の多くは、重度の要介護状態にはなりません。さらに、たとえ要介護状態になったとしても、今の時代、認知症を発症し、さらに問題行動が出現しなければ、多くの介護支援サービスを受けながら、自立した生活を送ることは可能です。つまり、にっちもさっちもいかずに「老人ホームに入居」という名の隔離をしなければならなくなるケースは、実は、日本社会全体から見た場合、それほど多くはないケースだということなのです。

だから、多くの方が親の介護や老人ホームのことを勉強することの優先順位は上がりません。起きるかどうかわからない不確定事項について、事前に手を打つことは、今の日本社会はあまりにも忙しすぎるので、対応できないのではないでしょうか？

老人ホームもいろいろ。人生もいろいろ

老人ホームについて、少し詳しく考えていきましょう。

老人ホームとひと口に言っても、老人ホームは千差万別です。「自立」と言って、元気

な高齢者を対象とした老人ホームから、終末期の高齢者を対象としたホスピスのような老人ホームまで、さまざまな形態が存在しています。

さらに、話をややこしくしていることは、老人ホームは、「介護付き」「住宅型」そして「健康型」という3種類に区分され、特に、「介護付き」と「住宅型」は、実際に運営している事業者ですら、その区分を明確に理解することができないところです。

その上でさらに、「特別養護老人ホーム（特養）」や「介護老人保健施設（老健）」といった介護保険施設が加わりますから、素人《しろうと》には、まったく得体《えたい》の知れないもの、ということになります。しかし、心配は不要です。なぜなら、介護業界で仕事をしている人の多くが、実は正しく理解などできていません。でも、老人ホームでは職員が毎日、仕事をしています。なんとかなっています。これが現実なのです。

私の感覚では、老人ホームとは、知れば知るほどわからなくなるもの。得体の知れないものだと思います。それではなぜ、このような、似たスキームで名称の違う老人ホームが、たくさんあるのでしょうか？

一つは、行政の縄張り意識、行政側の都合だと思います。そう考えなければ、私にも説明がつきません。

もう一つは、事業者側の都合です。読者のみなさんは、このことの詳細については知らなくてもよいと思うので多くは語りませんが、多くの老人ホームは、介護保険収入に経営を依存しすぎているため、さまざまな工夫をして、介護報酬の獲得に躍起になっています。

その結果、特養のような介護施設と同じような運営になってしまう、ということなのです。効率的に、効果的に介護保険報酬を得るためには、特養のスキームが報酬を一番取りやすいということなのです。その結果、さまざまなカテゴリーの老人ホームが、特養の代替品として、世の中にあふれているという理解でよいと思います。

当初、行政は、あらゆることを想定した上で、さまざまなカテゴリーの老人ホームスキームを作りましたが、作った人の意図に反し、みな、同じ内容になってしまっています。つまり、種類はたくさんあるけれど、そこでやっていることはみな同じ、という現象が起きているのです。

したがって、勉強すればするほど、教科書に書いてあることと、実際に事業者が運営している実態とが、かけ離れてしまっている、ということになっています。

私はこのような今の現象は、「高齢期の生活」について、真剣に考え、生活スタイルを提案していかなければならない立場にある老人ホーム業界の怠慢以外の何物でもない、と考えています。

多くの老人ホーム運営事業者は、高齢期の生活提案など一切無視し、どうやればうまく介護保険報酬をたくさん獲得することができるかに終始しています。これが全介護事業者、全老人ホーム運営者の実態だと思います。

ただし、私は、この行動を手放しで非難する気は毛頭ありません。なぜなら、国が「そうしなさい」と言っているからです。

介護保険報酬は、介護保険法に規定されているものですが、この介護保険法が、いくたびかの法改定を重ね、今は、提供している介護支援サービスをしっかりと管理できていないと、まともに介護保険報酬を獲得することができないような仕組みになっています。

介護支援サービスの管理とは、ひと言で言えば、介護保険報酬を得るために必要とされる要件を管理することです。平たく言えば、要件を満たすための資格者を配置し、提供時間や提供日を管理すればよい、ということです。そこでは、人の質や提供されるサービス内容の質は無視されます。重要なことは「資格」や「時間」や「人数」なのです。

国家試験に合格した者をたくさん集めてたくさん配置すれば、報酬獲得のチャンスが拡大するようになっているわけです。

もっと言うと、高齢期の生活提案をするために欠かせない人材をいくら揃えたとしても、現実には1円にもなりません。それなら、介護福祉士や看護師、セラピスト、管理栄養士などの有資格者を誰でもいいので揃えたほうが儲かるようになっているのです。

老人ホーム運営会社の多くは、民間の営利企業です。したがって、自分たちが、どう立ち回れば儲かるかということを追求します。そして、それを実行します。当たり前の話です。当たり前のことを当たり前にしているだけなのです。批判をしたり、される話ではなく、仕組みの問題なのです。

はっきり言います。老人ホームの質の問題は、一企業の問題ということではなく、制度の問題だということなのです。

老人ホーム選びの課題とは何か？

これから話すことは、現実の話ではなく理想の話です。私は、介護の話は終始一貫、建て前ではなく本音で話をしなければダメだと言っている一人です。したがって、老人ホームはゴミを捨てる処分場と同じだ、という言い方もします。これは、多くの方の行動を冷静に見ていると、そうとしか思えないからです。

これは、建て前ではなく現実です。そんな私が、唯一と言っていいほど、理想にこだわっている点があります。それが、「住宅型」「サ高住」の存在意義についてです。「介護付き」は、文字通り要介護の高齢者にとって、介護サービスを付帯している老人ホームです。つまり、認知症で問題行動が目立ってきたら「介護付き老人ホーム」に入居するという理解でよいと思います。

それでは、住宅型老人ホームには、いったいどのような役割があるのでしょうか？　現実的な運営実態を説明すると、実は、「介護付き」とまったく変わらない運営をしているホームがたくさんあります。中には、介護付きでは面倒を見ることができないほどの、重度な高齢者を入居させている住宅型老人ホームもあります。つまり、介護付きとは何ら変わりません。このような実態の中で、住宅型老人ホームは本当に必要なのでしょうか？大いに疑問です。住宅型を運営している事業者の経営姿勢が問われている、と考えます。ただし、そこには、ユーザー側の、高齢期の生活に対する低い意識も少なからず影響している、ということも付け加えておく必要があります。

多くの方々は、前に並べ立てたこれらの老人ホームを、全部同じ「老人ホーム」と認識し、理解しています。これが、老人ホーム選びの間違いの第一歩なのです。

たとえば、みなさんが病気やケガで医療機関を受診する時、どのような判断で受診をするのでしょうか？「頭が痛い」という時に、整形外科を受診する人は、まずいないはずです。頭が痛ければ、まずは、内科を受診するはずです。これは常識です。

しかし、介護、特に老人ホーム選びになると、どういうわけか、一般にこの常識では判断しません。多くの方は、「料金」と「地域」で検索して決めてしまいます。

もちろん、どのような介護支援をしてくれるのかは、入居検討の対象となりますが、そもそも、老人ホームに関する知識と教養がないため、通り一遍のスペックだけの判断基準だけでは、適切な検討などできるはずもなく、「いちおう検討しました」というお茶を濁《にご》すレベルの検討に留まります。中には、実際に老人ホームに見学に行く人もいますが、これまた、老人ホームのどこをどのように確認しなければならないのか？　ということに考えが及ばないため、「現地に行きました」「説明を聞きました」というだけの見学で終わってしまいます。

したがって、入居後ホーム側の説明を一方的に聞いて、それを鵜呑《うの》みにして決めてしまいます。だから、入居後「話が違う」「考えていたことと違う」「適切な介護支援をしてくれない」といった誤解が生じ、ホーム側に文句を言うことになるのです。これが、老人ホーム選びをしている多くの人の実際の姿です。

私に言わせれば、老人ホームのことをしっかりと学習し、老人ホーム選びを実践すれば、避けることができるトラブルはたくさんあります。ちなみに、多くの子世代が、入居直後にホーム側に苦情を言うケースの多くは、「ここで私が頑張らないで、いったいいつ頑張ればいいのか」という気持ちからだと私は推察しています。自分が親のために選んだ老人ホームでしっかりとしたケアをやってもらえない場合、なんだか自分がミスを起こしたような気持ちになり、強い不満が生じるのです。

さらに、多くの入居相談者、つまり子世代にとって、老人ホーム選びに自分の時間とお金をたっぷりとかける気になれないという現実があります。その理由は、「自分のこと」ではないということと、自分の子供や家族のことで精いっぱいで、親のことにまで時間もお金も回すことができないからです。

自分の結婚式なら、たとえ仕事が忙しくても、何度も何度も会場に足を運び、提供する料理の試食をしたり、衣装選びをしたり、はたまた音楽はどうする？　飾りつけは？　招待客のコメントは？　というように、納得がいくまで時間と経費をかけて取り組みます。しかし、人様の結婚式には、大した興味は湧きません。せいぜい、過去に参加した結婚式の経験からその場の評論家になったり、このサービスはいくらかかる、というような話題で盛り上がるのが関の山です。

老人ホーム選びでも同じです。多くの場合、探している人は当事者ではありません。家族です。おおむね子供です。実は、ここに大きな問題が潜んでいると考えるべきなのです。

住宅型有料老人ホームとは？　介護付き有料老人ホームとの違い

簡単に住宅型有料老人ホームについて触れておきます。全国にある老人ホームの中で、一番たくさん供給されているのが、この住宅型です。しかし、多くの住宅型は、間違った運営をしているため、実は介護付きと大差がなく、わかりにくい運営になっています。「介護付き」と「住宅型」との違いは、私の別の書籍において、詳しく解説をしているので、ここではポイントだけ触れておきます。

介護付き有料老人ホームは、特養（特別養護老人ホーム）の代替品として発展しました。そして、住宅型有料老人ホームは、介護付き有料老人ホームの代替品として発展しました。残念ですが、これらのこととの背後には「高齢者の生活の向上」というキーワードは存在しません。あるのは、どうすれば介護保険報酬をたくさん獲得でき、商売になるのか？　という動機だけです。

だから、きわめてわかりやすいシンプルな仕組みが、きわめてわかりにくい複雑な仕組みに変化してしまっているのです。言い方を変えれば、目的別に使い分けるべき３つのスキームが、お互いの領域を侵食しているがゆえに、どこが違うの？　という状況になってしまっています。具体的に説明を加えます。

そもそも、特別養護老人ホームは、社会のセーフティーネットという位置づけでなければならないはずの老人ホームです。したがって、多少、難《なん》はあっても低所得の要介護高齢者の「最後の砦」的な老人ホームという役割、目的があるはずです。しかし現状は、多くの特養ホームは、高級化が進み、高価格ホームになってしまい、低所得の要介護高齢者が思うように入居することができません。

介護付き有料老人ホームは、多少資金面で余裕がある要介護高齢者が、特養ホームよりもきめ細かな対応を望んでいる場合の受け皿として、誕生したはずです。したがって、介護体制はほぼ、特養ホームと同じで、違うのは、ホテルコストと有償サービスを自由に設定できるところです。

さらに、住宅型有料老人ホームは、要介護状態がそれほどひどくない高齢者が、安心安全を理由に自宅で生活をするより、老人ホームでの生活のほうが良いのでは？　と判断して、自ら選んで入居するという老人ホームです。

乱暴な言い方をすれば、低所得の要介護高齢者は特養ホーム、金銭的に余裕がある要介護高齢者は介護付きホーム、金銭的に余裕があり、かつ、比較的元気な高齢者が安心を求めて入居するのが住宅型老人ホームという役割分担になるはずです。

しかし、現状はというと、特養ホームは、低所得の要介護高齢者の入居を拒《こば》み、比較的経済的に豊かな要介護高齢者の争奪戦を介護付きと行い、住宅型は、介護報酬を獲得することが一番の収益向上、経営安定の道だという判断のもとに、重症の要介護高齢者の争奪戦を介護付きとやっているというイメージです。だから、「特養とは、介護付きとは、住宅型とは」と言ってもよくわからないし、わかりやすい説明もできない、ということなのです。

老人ホームを探している入居者にとっては、この違いを詳細まで理解する必要はありません。というよりも、理解をするためには、かなりの労力が必要なので「無理です」ということになります。したがって、この違いは無視してホーム選びをすることにしていきます。

サービス付き高齢者向け住宅とは？

実は、今となっては、何のために存在しているのかまったく理解ができないものが、「サービス付き高齢者向け住宅」というものです。

前記の流れで言うと、住宅型よりも、もっと元気なアクティブ高齢者のための住宅が、「サービス付き高齢者向け住宅」になります。

しかし、世の中の多くのサービス付き高齢者向け住宅は、住宅型老人ホームや、介護付き老人ホームなどの代替品として発展してきました。また、この「商品」が登場し始めたころは、特養ホームの運営会社が、特養ホームの待機場所として、開設していたことを思い出します。いわゆる、入居者の囲い込みをするための「商品」でした。

したがって、サービス付き高齢者向け住宅とは何ですか？　と問われれば、私には、「老人ホームと同じです」としか回答できません。これが運営から見た事実です。

なお、これらのわけがわからない進化の根幹にあるのは、言わずと知れた介護保険報酬というお金です。要介護高齢者の面倒を見れば、介護保険報酬というお金を得ることができるので、とにかくターゲットは、ただの高齢者ではなく、要介護高齢者でなければならない、さらに言うと、要介護1の高齢者よりも要介護5の高齢者のほうが、介護保険報酬が多く貰えるので、より重度な要介護高齢者をターゲットにしたほうが、経営がスムーズで安定する、という事情があります。

さらに、要介護高齢者、特に重度な要介護高齢者は、困っている人、というカテゴリーに入るので、困っている人を相手にしたほうが、仕事がしやすいという事情もあります。

なお、この理屈で言うと、困っていない元気で経済的に豊かな高齢者の扱いは難しいがゆえに、元気な高齢者をターゲットにした住宅型老人ホームやサービス付き高齢者向け住宅は、健全な発展を遂《と》げることができなかった、ということになります。これらの理由で、高齢者施設を運営する事業者の多くは、介護保険事業者になったということです。

「老いては子に従え」

多くの高齢者は、自分のことを自分で決めると、子供たちから非難されます。まるで、子供扱いです。老人ホームへの入居しかり、再婚もしかりです。日本の多くの家族の事情からして、家族の誰かに従うことで家族の秩序が保たれる、ということなのでしょうか。

私は、社会学の専門家ではないため、難しいことはわかりませんが、介護の仕事を通してそう感じています。つまり、自分から見て「子供」と「高齢者」は、自分の言うことを聞いていろ！　ということなのです。

大げさな言い方をすれば、子供と高齢者は自分の所有物なので、自分の支配下に置いて管理しなければならない、ということなのかもしれません。もちろん、その根底にあることは、子供あるいは高齢者本人が判断するよりも、自分が判断したほうが本人のためになるという善意や好意であるということは言うまでもありません。保護者とか管理者という役割です。

いずれにしても、高齢者の場合、子供たちの支配下に置かれ、自ら老人ホームに入ると言えば、何を血迷ったのか！　と反対され、子供たちから老人ホーム送りの処分を下されれば、今度は高齢者本人が「自分で買った家から、なぜ追い出されなければならないのか」と抵抗する、という滑稽《こっけい》な構図になります。

だから、世の中にある老人ホームの多くは、事実上、認知症高齢者をターゲットにした介護施設が多くなっています。その理由は、子供の判断だけで入居を勝手に決めることができるからです。よく周囲を見渡してください。多くの老人ホームは、その「営業科目（あえてそう言います）」の中に、「認知症」を挙《あ》げているはずです。これは、認知症高齢者が、一番簡単に、労せず、集めることができるからです。

理由は、もうおわかりですね。当人からの明確な意思表示がなく、もしあったとしても子供の意思表示が優先されるからです。そして、家族は保護者として「本人のため」という大義名分のもとで老人ホームへの入居を決断することができます。

もっと言うと、問題行動などで困っている家族の場合、我慢に我慢を重ねてきている関係で、老人ホーム送りにすることに躊躇《ちゅうちょ》や罪悪感が薄れているということもあると思います。

だから、世の中には、認知症などを理由に社会生活に支障をきたす高齢者用の介護施設が、大量に普及しているのです。

現代社会では、取り扱いに困った高齢者を収容し、適当に管理してくれる老人ホームが求められています。そして何より、多くの方々から支持を得ている老人ホームは、「利用料金が安いホーム」です。とにかく安くリーズナブル。仕方がないことですが、このトレンドは急速に拡大しています。

ちなみに、老人ホームの「質」は、安かろう、悪かろうです。老人ホームの運営にかかる費用の50％以上が人件費だからです。低価格料金にするためには、人件費を削減する以外に方法はありません。今のような低価格志向が今後も加速すると、そのうち、専属の介護職員のいない、入居者同士でお互いに足りないところを助け合う、相互扶助の共存共栄型の老人ホームが出てくるのではないでしょうか？

冗談みたいな話ですが、現実味があると思いませんか？　土地の安いところに、小さな家をたくさん建てて一つの集落とし、管理棟を造って、管理人を一人置き、原則、自分のことは自分でやりながら、でも、できないことだけを、介護保険制度の中でやってもらう。しかし、介護保険制度で支援をしてくれる介護職員は、実は、自分と同じ集落の住民だというう仕組みです。お互いに足りないところを足りている人が補《おぎな》って生活をしていくというスキームと言えます。コストのことを考えれば、このような発想にならざるをえません。

老人ホームは現代の姥捨《うば》て山か?

私は、老人ホームへの「入居」という現象を見ていると、老人ホームは現代の「姥捨て山」と何ら変わらないと思っています。そして、その現象は、個人的には、きわめて残念なことだと感じています。

多少の救いがあるとすれば、心ある一部の老人ホーム事業者は、たとえ姥捨て山であったとしても、少しでも、まともな姥捨て山にしなければならないと考えているところです。

しかしです。この事実をもって、私は、すべての人に対し「けしからん」と非難する気にはなれません。現実的なことを考えた場合、この現象は「しかたがない」ことだと思うからです。

もちろん、お金がたくさんあれば、何も悩むことはありません。大金を使い高級老人ホームに入居さえすれば、大方《おおかた》のことは解決します。老後の課題の多くは、お金で解決することができるのです。何度も言います。介護の沙汰も金次第です。これが現実です。受け止めなくてはなりません。

しかし現実は……。多くの人の場合、老後を十分に過ごすためのお金はありません。冷静に考えてみれば、しごく当たり前の話です。多くのケースでは、子供を教育するために多額のお金を子供に投資します。しかし、その投資したお金が利子をつけて戻ってくる可能性はけっして高くはありません。というよりも、今の時代は、ないに等しいと思います。

高度経済成長期ならいざ知らず、今は、経済も右肩下がりの時代です。偏差値の高い大学を卒業しても、仕事にありつける保証はありません。さらに、仕事に就《つ》いたとしても、高い賃金をもらえる保証もありません。1億総中流という言葉が、かつてありましたが、今は、これまで「中流」と言われてきた人たちが、貧困層への道を突き進んでいる転換期の中にいます。

これから高齢者の仲間入りをする世代にとって、自分の老後が安心で、十分なお金を用意することができるなど、夢のまた夢の話なのです。

さらに問題を複雑にしていることは、困った親の面倒を見なければならない子世代の多くが、社会の中では、その役割を終え、社会から抹殺《まっさつ》されようとしている点です。

その昔、人間50年と織田信長は謡《うた》っていましたが、今の時代も実は人生50年です。多くの一流企業では、50歳の声を聞くと「役職定年」「子会社への出向」「早期退職」となります。エリートであればあるほど、このようになっているはずです。それでも、大手企業の場合、割増しの退職金など手厚い金銭が保証されているため、まだましです。

中小企業に至っては、何もありません。ただ単に、新しい戦力と選手交代して会社から捨てられるだけです。そして、この話をさらにややこしくしていることに、晩婚化があります。50歳以上になっても、まだ子供が高校生、中学生というケースが珍しくないという現実です。

もちろん、中には50代でスキルアップを伴《ともな》う転職や起業で経営者になる人もいるとは思いますが、それはごく限られた少数派の話と考えるべきです。

つまり、親を老人ホームに入れることを検討している子世代、というよりも検討しなければならない子世代は、事実上、親の面倒を見る余力はない、ということなのです。さらに言うと、いまだに、親に何らかの経済的支援をお願いしている50歳代の子世代も珍しくありません。

多くの50歳代の子世代の本音は、親の老後どころの話ではなく、自分の老後のほうが心配だ、ということのほうが、実際の話だと私は思っています。

そんな子世代が親の老人ホームを探している時、「親のためにもっと良い老人ホームを探すべきでは？　もっとお金をかけるべきでは？　老人ホームは、安かろう、悪かろうなんだから、高いホームのほうが良いに決まっている」などということを言えるでしょうか？　誰がいったい、子供の行動を責めることができるでしょうか？

高齢者問題は、明らかに社会政策の問題です。国民一人一人が自力で解決できるような簡単な問題ではありません。国家が責任を持って解決策を考えるべき問題だと、私は思います。

物わかりの良い高齢者もいるけれど……

世の中には、物わかりの良い高齢者も存在しています。彼らは、「子供たちに迷惑をかけたくないから老人ホームに入居した」と言います。私の肌感覚で言うと、多くの老人ホームの自立系と言われている入居者の多くは、このようなことを口にしています。

しかし、その多くは本心だとは思えません。むしろ、物わかりの良い親を演じ、子供との関係性を壊したくない、と思っているだけです。「良い親でなければ、子供たちから嫌われる。というよりも、子供たちから捨てられる」という発想は、いったいどこからきているのでしょうか？　私は、次のような心理が働いているからだと、推察しています。

よく言われる話ですが、高齢者は「失う経験の実践者」です。高齢になればなるほど、多くのものを高齢者は失っていきます。視力や聴力、そして体力などの身体的な機能にはじまり、友人、知人が「死」という理由でいなくなっていきます。さらに、仕事がないため、収入は年金だけになるので、当然、預貯金も無くなっていきます。

失う経験の実践者にとって、「家族を失う」「子供を失う」ということは、できることなら避けたい話です。だから、子供とは死ぬまで、人によっては死んでからも、友好的な関係性を継続したい、ということなのだと思います。もちろん、自分が死んだ場合、その後始末を子供に託《たく》さなければならない、という現実的な要因も、大いに影響していると推察します。

「おひとり様」というキーワードをよく耳にしますが、この「おひとり様」とは、これらのしがらみに対し、違う価値観で対抗することで、一人の気楽さを楽しむことだと私は理解しています。しかし、私は、初めから一人の人とは違って、家族を形成し、家族とともに暮らしながら、途中で失う経験の実践者として高齢期を迎えた人は、おひとり様になったとしても、一人で強く生きていくことはできないのではないかと考えます。

ただし、女性は強いと思います。ある調査によると、妻を亡《な》くした男性の多くは3年以内に死んでいるそうです。逆に、夫を亡くした女性は、長生きをしているそうです。

そういえば、私は執筆のために、よくファミリーレストランを利用するのですが、早朝のファミリーレストランは、高齢期の男性であふれかえっています。多くの男性は一人で朝食をとりながら、新聞を読んだり、モバイル端末をいじりながら、小1時間をレストラン内で過ごしています。ここは老人ホームだった？　と錯覚さえ起こす風景が、そこにあります。

さらに言うと、毎週必ず、同じ席に同じ人が座ります。そして、何カ月もすると、その人は来なくなります。入院かな？　老人ホームに入居したのかな？　それとも亡くなったのかな？　という妄想が、職業柄湧き上がってきます。

話を戻します。初めから、一人で生きていこうと決めている人とは、その覚悟にも違いがあると思います。つまり、最初からおひとり様という人の場合と、もともと家族がいた高齢者が、失う経験を通して家族がいなくなっていくということとは、話が違うように思えるのです。家族とともに長年生活してきた人は、最後まで家族という形にこだわるのではないでしょうか。

立場が変われば、考え方も変わります。当たり前の話です。私自身も、子供のころは、親の存在は疎《うと》ましく「何のためにいるのか？」などと感じていました。しかし、自分が仕事をするようになり、収入を得るようになってからは、ひとりの人として対等に親と付き合うことができるようになったと記憶しています。さらに、親が高齢になり、いろいろなことが徐々にできなくなると、自分がしっかりしなければならない、という気持ちが不思議と湧いてくるものです。

人の一生とは面白いもので、子供として生まれ、親に生活の面倒を見てもらいながら成長し、やがて親と対等な立場になり、最後は、親の面倒を見る立場になっていく。こう考えると、親の面倒を見ることができる子供は、幸せな子供なのかもしれません。「親孝行、したい時に親は無し」。昔の人は、うまく表現したものです。

記憶が確かではありませんが、作家の永六輔さんの著書に「子供叱るな、来た道だから。年寄り笑うな、行く道だから」という記述があったと記憶しています。まさに、その通りだと思い知らされます。

子供は、親を老人ホームに入れたら何もしなくてもよい、というのは大きな間違い

多くの子世代は、短時間で雑に、適当に親の老人ホームを決めてしまいます。時間軸でいうと、老人ホームを探す行動に着手した時点から最長でも3カ月です。多くは1カ月程度で決めてしまいます。ここで自覚しなければならないことは、何も知らないことを1カ月程度で決めてしまうということです。

よく考えてみてください。たとえば自宅を購入したり、借りたりするのとはわけが違います。自宅の場合、多くの人は、生まれてから今に至るまで、何らかの方法で「家」に住

んでいます。

つまり、「家」に住むという行為は、継続して経験、体験している行為です。だから短期間で決めても問題はありません。なにしろ、熟知していることですから。

しかし、老人ホームに住んだことのある子世代は皆無です。入居予定者の親の場合でも、そのほとんどは皆無です。まれに、今住んでいる老人ホームから他の老人ホームに引っ越しを希望するケースもありますが、現時点では、レアケースです。

みなさんは、未経験、未体験のことを1カ月程度で決めてしまう事実に対し、危うさを感じませんか？　もちろん、中には、用意周到、徹底的なリサーチのもと、抜かりなく入居をさせている子世代もいなくはありませんが、あまりお目にかかるケースではありません。

そして、多くの場合、入居させたことに対し、後悔と憤《いきどお》り、そして〝こんなはずではなかった〟という違和感を持ちながら、日々生活を送っているのです。

老人ホームに対する子世代の賢い対応方法とは?

私の経験上、親と子供の関係上でベストな方法は、老人ホームに入居させた以上、ホーム側に全面的に「任せる」ということが、結果として、関係者全員にとって、良いように思えます。つまり、老人ホームに対し「性善説」で対応するということです。ただし、この場合は、入居前にしっかりと老人ホームに対するリサーチが必要になるということになりますが……。

老人ホームに親を入居させ、身元引受人になった子世代は、この瞬間からある意味、親の保護者になります。老人ホーム内で起きた出来事に対し、報告を受ける権利を有し、疑念があれば回答を求めることができます。

幼稚園や小学校と同じです。毎年、運営懇談会と称する保護者会が開催され、会社やホームの運営方針の説明を受けたり、ホーム側に要望を出したりと、会社の株主総会や国会の委員会活動のようなイメージです。ある意味、民主的な運営をしていると思いますが、人によっては「煩《わずら》わしい」「めんどうくさい」と感じる人も少なくありません。

ちなみに、このような運営会議への家族の参加率は、高級ホームと言われているホームのほうが、家族の参加率は高いように思います。私の考えでは、高級ホームでは、運営懇談会に参加すること自体が、子供世代にとって親に対する忠義忠誠の証《あかし》のようなものなので、参加することも仕事のうちだ、ということだと考えます。

さらに、こうも考えられます。身元保証人である自分が、ホーム運営について〝気にしている〟ということをホーム側に自覚させることで、ホーム側が自分の親を軽視できなくなる、ということなのでしょう。まったくその通りです。ホーム長や介護職員からすると、毎回、欠かさず運営懇談会に参加し、意見を言う家族は、当然、目にとめています。いわゆる「モノ言う株主ならぬ、モノ言う家族」というやつです。理解がしやすいように、次のような話を記しておきますので、みなさんもご自身でよく考えてみてください。

多くの低価格帯の老人ホーム運営事業者は、こう言っています。「生活保護受給者で要介護3以上の入居者が欲しい」と。

この理由は何なのでしょうか。生活保護受給者の場合、本人負担がありません。100％公費です。したがって、介護保険報酬の本人負担分の未回収が発生しないという利点があります。ちなみに、多くの介護保険事業者の場合、数％程度は、何らかの理由で、介護保険報酬が未回収になっているのが普通です。故意、過失にかかわらずですが……。

しかし、一番のメリットは何かというと、「うるさい家族がいないから」ということなのです。そもそも、本人に対し積極的にかかわる家族がいれば、生活保護受給者にはならなかった可能性があります。したがって、生活保護受給者の家族は、うるさいことを言わない、という理解をしています。この一点に着目して、低価格帯の老人ホーム運営事業者は、生活保護受給者が良い、という結論に至っているのです。

もちろん、家族の代わりに、行政がついているではないか！　という理屈も成り立ちますが、行政は仕事としてかかわるため、明らかな虐待などがなければ、別に必要以上に関与することはありません。そこが、家族との圧倒的な違いです。家族は、本人の今までの生活履歴や慣習などから、「きっと、本人はこうしてほしいと思っているのでお願いします」的なリクエストを、ホーム側に要求します。そして、そのリクエストが実施されているかも確認します。さらに、実施していないことがわかれば「あれだけ熱心に私はお願いしたじゃないですか。あなたも、わかりましたと言ってくれましたよね。なんでやってくれないのですか？」と言ってくるのが普通です。

これと同じことを、行政はしません。というよりも、できません。だから、多少、家賃などが定価よりも減額になってしまう生活保護受給者ではありますが、その分、要介護3以上であれば、相応の介護保険報酬を見込めるので、「歓迎」なのです。

さらに付け加えると、同じ生活保護受給者で、要支援など介護認定度合いが低い高齢者の場合、入居できる老人ホームは壊滅的に少ない、ということを言っておきます。理由はもう、おわかりですね。要支援など介護認定度合いが低い高齢者の介護保険報酬は少ないからです。冷静に考えれば当たり前の話ですが、事業者側の立場で考えた場合、1カ月30万円の介護保険報酬をもたらしてくれる高齢者と5万円の介護保険報酬しかもたらしてくれない高齢者とでは、どちらが良い高齢者なのかは考える余地もありません。報酬の多寡、すなわち算数の問題です。

株式会社などの営利目的の企業が、介護事業者として仕事をしています。したがって、そこには、効率的に賢く利益を上げていくことが求められているわけです。だとすると、このようなことを事業者が考えるということは、当たり前の話です。非難されるべき話ではありません。

これらの現象を仕組みで解決させるのが、介護保険制度を作り、運用している国の仕事です。そのうち国は、介護保険法を改定し、「軽症の生活保護受給者の対応をこのくらいしていない事業者の介護保険報酬は減算します」ということにすれば、事業者はお金のために対応するはずです。そうなっていくような気がします。

何度も言います。「介護の沙汰も金次第」です。介護事業は、福祉ではなく、立派な産業、経済活動に成長しました。ここを勘違いしないようにしなければなりません。

ここでは、多くの子世代が老人ホームに対し、勘違いをしていることについて触れていきたいと思います。

深夜に呼び出し。なんで？

多くの家族が抱く素朴な疑問の中に、深夜にホームから呼び出されたという話があります。多くのケースは、事故や病気で医療機関で受診しなければならなくなったケースです。夜中の2時に、ホームより電話があり「具合が悪くなったので、ホームドクターに相談したところ、救急搬送をしなさい、という指示があったのでこれから病院に行きます。ついては、A病院なので今すぐ来てください」というような内容です。多くの家族は、言われたまま、A病院に行きます。

実は、問題はここからです。状態が重体であれば、そのまま入院治療とか最悪の場合、そのまま臨終ということになり、言葉は悪いですが、どさくさに紛《まぎ》れて物事はうやむやになっていきます。がしかし、事《こと》がこじれるケースが、軽症だった場合です。

結局、その場で、病院からは経過観察という判定を下され、「老人ホームに帰ってください」ということになった場合、家族からすると、家族の一方的な都合が頭をもたげてきます。それは、「この程度のことで、いちいち呼び出すなよ」「明日は、朝一番で大切な会議があるんだよ」という思いです。そもそも、こういう時に、「自宅」にいると自分たちですべてに対応しなければならなくなるから、高い料金を払って老人ホームに入れているのではないか！　という気持ちが湧き出てきます。

もちろん、多くのホームでは、入居時に注意事項などの中で、夜間に救急搬送をした場合、家族にも連絡し、身元引受人には病院に来ていただきます、という説明はしているはずです。そして、その説明を聞いた家族は、なんの疑いもなく、「当たり前」と理解するはずです。しかし、家族の当たり前と老人ホームの当たり前は、少し違います。その理由を説明していきましょう。

もちろん例外はありますが、おおむね次のような勘違いが原因になっているはずです。老人ホームは、入居者の急変時には、必ず、協力医療機関や入居者の主治医の指示を仰ぐ、というルールになっています。したがって、介護職員や看護職員が、どうするかを勝手に判断することはありません。当然といえば当然です。

また、中には、入居者の主治医と老人ホーム側の看護師との間で、事前に約束を交《か》わしているケースもあります。たとえば、Aさんの場合、発熱が38度以上になった場合、主治医の指示を待たずに速《すみ》やかに病院で受診をしなさい、というような約束です。

これは、入居者の既往症によって、その後に来る状態が事前にわかっているので、即、救急対応をすること、という意味になります。そしてこのケースの多くの場合、事前に、主治医が搬送先の医師に対して書いた診療情報提供書という資料をホームに託しています。平たく言うと、「救急搬送をした先の医師にこの手紙を見せてください。医師が見ればわかります」ということです。

しかし、です。多くのケースでは、「夜間、急に状態が悪化した。主治医に連絡すると、救急搬送の指示が出たので救急車を呼んで病院へ。当然、マニュアル通り、家族に連絡」

という流れになります。しかし、家族側の考えとしては、主治医が大変だという判断で救急車を呼んだのだから、「何ともない」「ホームに帰ってください」という結論はないということになります。当初の「何ともなくてよかった」という考え方が、徐々に「何ともないのに、わざわざ救急搬送などするなよ」という怒りに変わってくるのです。ここで、前に記したようなクレームに発展します。しかも、同じようなことが複数回続くと、家族側は「いい加減にしろよ」ということになるのです。

また、入居時に老人ホームとの間で「万一、親の容態《ようだい》が急変した場合は、病院搬送はせず、ホーム内で静かに看取《みと》ってほしい」という内容の書面を取り交わしているケースも最近では多くなってきました。しかし、ホーム側の立場で言うと、人の気持ちなど、ころころ変わるのが普通ですから昨日今日の意思表示であれば、考えることもありませんが、その意思表示が半年前、1年前のものであれば、「今では、もしかすると気が変わっていてもおかしくない」と考えるのが普通です。

ちなみに、私の経験では、母親に対する息子さんの多くは、気が変わります。急変時に「何もしないということになっていますが、どうしますか?」と確認すると、ほぼ100%の息子さんは、病院に搬送してほしいと、言ってきます。看取りの同意書があるからといって、そのまま看取りにしようものなら、大問題になってしまいます。半面、娘さんは、気が変わることは少ないように思います。いざと言う時、男性はうろたえ、女性は動じない、ということだと思っています。

また、次のようなケースも老人ホームでは散見されます。それは、些細なことでも病院に連れて行かないと許してくれない家族がいる、ということです。世の中には、そういう考えの人も一定数いるのです。こんな軽症で、どうしてわざわざ病院に連れて行ったのか！　その料金はホームで支払え！　という話ではなく、それと真逆で、どうして病院に連れて行かなかったのか！　というクレームです。

誰にどう確認しても、この程度のことで病院受診は必要ない、という状態であっても、病院に連れて行ってほしいという家族もいるのです。もちろん、そう願う当人もすぐに病院に行きます。私も何度もこのよう場面に遭遇しましたが、そのたびに、なぜ、この人は親を老人ホームに預けているんだろう。こんなに大切に親のことを考えているのであれば、老人ホームになど入れずに、自分の家で面倒を見たほうが良いのではないか？　という感想を持ったことを覚えています。

話を戻します。多くの老人ホームでは、連れて行って怒られるのと、連れて行かなくて怒られるのと、どちらがあとあと、ダメージが少ないのかを考え、「連れて行く」という選択肢を優先させます。この部分は、ホームの問題というよりも、平気で馬鹿馬鹿しいことを言ってくる家族側にも大いに問題があると、私は考えています。少数とはいえ、馬鹿馬鹿しく理不尽なことを言ってくる家族がいれば、ホームの介護職員は、すぐに委縮し、最悪のことを考えて、オーバーに行動するということを理解してほしいと思います。

次に主治医の問題があります。これは、ホームに同情することはできますが、ホーム側の問題だと言えばその通りです。

残念ですが、今の医療界を見ていると、高齢者医療は片隅に追いやられています。仕方がないと言えば仕方がないということだと思います。寿命という死が近づいている人に対し、医療がどう頑張っても、今の医療では、どうすることもできません。そうであれば、違う立場の人の医療により力を入れるということは、ある意味、常識なのだと考えます。

したがって、多くの高齢者施設、高齢者医療にかかわっている医師は、現役を退《しりぞ》いた高齢の医師が多いはずです。興味があれば、近くの老健（老人保健施設）などを確認するとよくわかります。しかも、専門分野もまちまちなので、必ずしも、すべての入居者の症状をしっかりと診ることができるかどうかも心配になります。

勘違いのないように記しておきますが、この状態は違法ではありません。まったくの合法です。医師免許を持つ医師がいればよいのですから。

時代背景にもよりますが、私が介護現場にいた20年ぐらい前は、多くの老人ホームにかかわっていた医師の専門科目は、産婦人科が多かったと記憶しています。詳細はわかりませんが、産婦人科は24時間拘束され、おまけに訴訟も多い。少子化ということもあって、クリニックを廃業した先生が、高齢者医療にシフトしてきていたと記憶しています。

いずれにしても、高齢者という特殊な人を相手にしているにもかかわらず、高齢者医療の専門家ではない医師が診《み》ているので、どうしてもジャッジが慎重になってしまいます。さらに、老人ホームの場合、勤務医がアルバイトでかかわっているケースも多いため、特に夜間帯では、日常的にまったくかかわっていない医師が、症状をカルテだけで判断するケースも多々あります。当然、その場合も、ジャッジは慎重になるため、いつもより少しでもおかしければ「救急車を呼んで病院に行きなさい」という指示が出るだけです。私も介護職員だった時、数回経験がありますが、ひどい医師になると、急変時の状態を電話で伝えると「あなたはどう考えるのか?」と逆に質問を返され、「すぐに救急搬送をするべきです」と回答すると、「だったらそうしてください」。ガチャンと電話を切られたことがあります。そんなひどい医師もたくさんいました。これが現実です。

だから、前出のように、家族が病院に駆けつけると治療は終わり「ホームに帰ってください」となるわけです。家族からすると、安堵と当時に、どうして？　という気持ちが湧き出てきます。わからなくもない話ですが、介護職員を責めても仕方がない話です。


私が、介護現場にいた時のエピソードを記しておきます。急変した入居者を3次救急病院に搬送した時の話です。協力医療機関の医師の指示で救急搬送をすることになりました。年齢が年齢だったため、受け入れ病院がなかなか決まらず、最後の手段として3次救急、つまり、大学病院の救命救急に搬送しました。しかし、残念ながら入居者は、搬送中の救急車の中で息を引き取りました。

3次救急の医療機関では、すでに死亡している患者の死亡診断書は書けないということになり、結局、警察の介入ということになりました。私は、介護職員からの連絡を受け、深夜、車で搬送先の病院に駆けつけ、ご家族とともに警察の到着を待つことにしました。その間、次のようなやり取りをしたのを覚えています。

救命救急センターの医師から「老人ホームには、専門の医師がいるのではないですか？　死にそうな高齢者をここに連れてこないでください。はっきり言って迷惑です。ホームの医師に診てもらえばいいでしょ。ここは、一刻を争う患者さんが運ばれてくるところなんですよ」と言われました。

この医師は、次のようなことを言いたかったのだと思います。100歳近い高齢者が死にそうになったからといって、救命救急に来られては困る。自分たちが救わなければならない命は、寿命がきている高齢者ではない。老人ホームには、専属の医者がいるのだから、わざわざ病院に連れて来なくても、老人ホームの医師に診てもらえばいいじゃないですか。

少し、乱暴な主張ですが、私はこの医師の言い分も理解できました。たしかに、この救命センターは、当該地域の多くの住民の救命を支えています。そして、深夜にもかかわらず、ひっきりなしに救急車が出たり入ったりしています。多くのスタッフは、センター内を走り回り、緊張感が漂《ただよ》っています。この医師は明言こそしませんでしたが、そこには明らかに、自分たちが救命しなければならない命には、優先順位があり、寿命がきている高齢者の命ではない、ということを言いたかったのだと思います。

しかし、高齢者を預かっている私の立場としては、言われっぱなしではいられません。しかも、相手が間違った理解をしていると思い、次のように反論しました。

老人ホームには、医師は常駐していません。老人ホームは、法的には自宅と同じ位置づけなので、入居者各自に、かかりつけの主治医がいるだけです。その主治医は2週間に1回の割で訪問診療に来ています。今回は、その主治医から「速《すみ》やかに救急車を呼んで病院に搬送しなさい」という指示が出たので、私たちはその指示を遂行したにすぎません。3次救急の救命救急センターとして、このような患者は救急搬送されては困る、というのであれば、われわれ介護職員に言うのではなく、医療業界で協議することではないでしょうか？　私たちは、あなたと同じ医師から救急搬送をしなさい、と言われたのでしているまでです、と。

結局、翌朝というよりもその日の朝、救命センターの医師から私宛に次のような内容のメールが届きました。メールの内容は、自分は、老人ホームは病院と同じで、医師や看護師が常駐していると思っていたが、そうではなかったことを知り、誤解のあった発言をしたことに関する詫《わ》びとともに、地域の3次救急で医療従事者として使命感を持って働いている自分たちの立場も理解してほしい、ということでした。つまり、限られた人員で不特定多数の患者の命を診ているため、やはり優先順位というものがあることに対し理解をしてほしい、というものでした。

このメールをきっかけに、お互いの立場を理解することも必要だということになり、当該病院から、何度か救命救急チームの看護師がホームに来て、救命救急についての勉強会を開催してもらったことを思い出します。

その時、救命救急チームの看護師から「老人ホームって、もっと気楽なところだと思っていたけど、病院にいてもおかしくないような重篤《じゅうとく》な患者さんもたくさんいるのね。いつ亡くなってもおかしくないような人のケアを、介護職員が中心になってやっていることに驚いたわ」と言われたのが印象的でした。

話を戻します。このような理由から、たとえ老人ホームに親を入居させたからといって、親から解放されるということはありません。在宅の時と何ら変わらない対応をしなければならないということを、まずは、覚えておく必要があります。

親を老人ホームに入れたとしても、家族が楽をできることは少ないということです。勘違いをしないでください。

なぜ、多くの家族は老人ホームに対し無理難題を言うのか？

多くの入居者の家族は、老人ホームに対し、無理難題を言うのが普通です。そして、その無理難題の多くは、老人ホームの制度を理解していないことによって起きる、ミスティクです。

「母親が一人寂しく居室にいるの。介護職員には、自分の母親の相手をもっとしてほしい」とか「家にいる時は、毎日、私が父親の散歩に付き添っていました。ホームでも同じように毎日、散歩をお願いしたい」というような話が珍しくありません。しかも、それが当たり前、当然だ、という顔をして言ってきます。

しかし、はっきり言って、これらは無理な注文です。私はこのようなことを言う家族には、次のような話をすることにしています。

「あなたの母親、父親は、あなたにとっては、唯一無二の存在ですが、ホームの職員にとっては、80人の入居者の中の一人にすぎません。80分の1です。したがって、自分と同じ思いで、自分と同じ温度で、自分の親と向き合ってほしい、ということは、老人ホームではナンセンスですよ。諦めてください」と。もし、どうしても、それを実現させたいのであれば、方法は一つしかありません。多大な費用を負担した上で、話し相手や散歩をしてくれるヘルパーを雇い入れるしかありません。

特に、介護保険法では、身体介助といって生きていくために必要な支援はしますが、生活の質を上げていくための生活支援は保険内ではできないことになっています。つまり、自費で対応しなさいということです。

したがって、「排泄介助を適切にやりなさい」は、有りですが、「毎日、長時間話し相手になりなさい」とか、「毎日、散歩に同行しなさい」は、そもそも、介護保険報酬の中では、無理な相談なのです。さらに、それらのことを無償でできる人は、世界中であなたやあなたの家族以外にはいませんよ、と説明します。

この話を聞いて「ひどい」と思われる方もいるかもしれませんが、これが現実なのです。介護保険報酬の中には、毎日の話し相手や散歩の費用は含まれていません。

介護保険報酬とは、人が生きていくために必要最低限の支援をカバーしているにすぎないということなのです。

もっと言うと、しょせん、介護職員は他人です。老人ホームと入居者・家族は、お金を媒介にして、業務を委託し受託しているだけの関係です。でなければ、お互いに、やっていられません。

老人ホームでは、毎月のように入居者が亡くなります。そのたびに、介護職員が、打ちひしがれて泣いていては、そもそも仕事になりません。介護職員にとって、入居者の「死」は、日常の一コマであり、よくある風景なのです。そう考えなければ、仕事の継続は無理なのです。

つまり、親を老人ホームに預ける家族は、老人ホームに対して、一定の割り切りが必要だということです。本来は、子供として自分が親の面倒を見なければなりません。しかし、さまざまな事情で自分では面倒を見ることができない。であれば、他人にゆだねるしかありません。

しかし、自分とまっく同じ気持ちで、自分の親に対応してくれる他人など、この世の中に、いるはずがありません。したがって、少しでも気持ちの近い人を選んで託す以外に方法はないはずです。そういった場合、自分に何が必要なのか。それは、「仕方がない」という諦めです。「諦め」と言うと、夢も希望もない否定的な感じになりますが、そうではありません。「諦め」とは、あるがままを受け入れるということであり、今の状態が一番ベストな状態だ、と理解する前向きな考えを言うのです。

仕事で知り合ったあるお寺の住職が、次のようなことを言っていました。

彼は、ボランティアで東日本大震災発生後、都合100回以上、被災地に入り、ボランティアをしました。そのボランティアを通して感じたことは、いくら自分が努力をしても、大切な人を亡くした人の悲しみや、大切なものを失った人の悲しみを、自分が当事者と同じように理解するはできない、ということです。わかったような気にはなりますが、本当にわかっているのか？　と問われれば「わからない」としか回答できません。しかし、ヘドロで汚れた街を奇麗にしたいとか、壊れてしまった家を元のように住める家屋に戻したい、という思いを同じにすることができる、と。

まさに、これは老人ホームと家族の間でも通用する話です。介護職員に家族の気持ちなど理解できるはずもありません。なんで介護職員は、私の気持ちをわかってくれないの？　私がどんな思いで自分の親を老人ホームに入れたのか、なんであなたはわかってくれないの？　そんなこと、わかるはずもありません。そんなこと、求めていること自体が、土台無理な話なのです。

しかし、ホームに入居した後、親にどのような生活を送ってもらいたいのかは、介護職員と共有共感することは可能です。今までの思いではなく、これからの思いを共有することはできます。老人ホーム内で、どのように生きていってほしいのか？　ということは、老人ホーム側と共有することはできるはずです。親の老人ホーム入居は、子供や家族にとっては、未来志向で考えるべきなのです。

ちなみに、このことを理解し、しっかりとやっているホームや介護職員のことを、入居者や家族に「寄り添う介護」を実践している、と世間では言うはずです。

最近、「寄り添う介護」の大安売りが多くて困ります。「寄り添う介護」とは、未来に向かって共有共感できることを言う。このことを、どうぞお忘れなく。

介護の基本は、信じ、待ち、許すこと

私に介護のことをいろいろ教えてくれた先輩は、介護の基本は、「信じ」「待ち」「許す」ことだと説明してくれました。要介護者に対し、できると信じること、そして、できるま

で待ってあげること、さらに、たとえ、できなかったとしても許してあげること。これが、介護の基本だ、と。

入居者の家族と老人ホームとの関係も同じです。老人ホーム側に対し、リクエストを言うのはいいのですが、無理なリクエストであるという自覚を持った上で、「信じ」「待ち」、そして、たとえ、できなくても「許す」という気持ちが重要だと思います。

なぜなら、多くの家族がホーム側に無理難題を言う理由は、実はホーム側に対する注文ではなく、親をホーム送りにしてしまった自分自身に対する「いら立ち」や「ふがいなさ」が原因であることが多いからです。これだけ無理なリクエストをしてホームに納得させた、という行為をもって、自身のふがいなさを帳消しにしたい、という気持ちから、無理難題を言っているのだと私は判断しています。

したがって、私は、老人ホームの介護看護職員に対し、家族が無理難題を言っている時は、「その人たちは今、親孝行をしている真最中なのだから、黙って聞いてあげてください」と言っています。間違っても、そのような時に「だったら出て行ってください。ほかのホームがたくさんあるじゃないですか」などとは、けっして言わないでくださいね、と。これを言ったら、無理難題を言っている家族の立つ瀬がなくなりますから。

しかし、家族のこの努力は間違いなのです。このようなことで、努力をするべきではありません。本当に努力をするところは、入居した後ではなく、家族は入居前のホーム選定で、もっと努力をしなければならないのです。

家族間で解決できないことを、アカの他人が解決できるはずはない

よく目にする場面ですが、家族間で解決できない課題を抱えたままホームに入居するケースがあります。むしろ、この課題を解決することができなかったので、老人ホームに入居する、ということなのかもしれません。特に多いケースは、愛人問題と兄弟喧嘩です。家族から、Aには会わせてほしくない、とか、兄が面会に来ても会わせてくれるな、というリクエストがよく付きます。ホーム側にしてみれば、実にいい迷惑です。利用料金にも、介護保険報酬にも、そのようなことに対する対応費用は含まれていないということをまず理解するべきです。

そして、このようなことになると、介護職員らの緊張感が高まります。多くのホームでは、〝面禁者〟と言っているはずですが、面禁者リストを作り、顔写真を指名手配写真のように玄関付近に張り出し、この人が来たら、ホームのカギを開けるな、というルールで運営しています。

当然、間違って開けてしまえば、大ごとになるため職員は緊張します。負担にもなります。中には、変装してくる〝猛者《もさ》〟もいて、職員側も対応に大忙しです。このようなケースは、けっして珍しいことではありません。

多くのホームでは、わけあり入居者の一人や二人はいるはずです。実に迷惑な話なのですが、老人ホームは「生活の場」であるというのであれば、受け入れるしかありません。何より、このような事情で老人ホームの空室は埋まっていくのです。

家族間で解決ができないことを、他人が解決できるはずはありません。もし、できるとすれば、それは解決ではなく、決着をつけることだけです。

離婚の際にこじれれば弁護士を使ったり裁判所で協議をしたりしますが、その協議を通して、自身と相手の心が晴れることはないはずです。あるのは決着です。ルールを決めることで、明日からこのテーマに関することは考えなくてもよい、という状態にするだけです。老人ホームへの入居も同じです。老人ホームに親が入居することで、愛人問題は解決しません。兄弟間での諍《いさか》いが解消されることもありません。そんなこと、しょせん、無理な話です。

しかし、老人ホームに親が入居することで、愛人と会うことはできなくなります。会わせたくない兄弟から隔離することはできます。ただそれだけです。私は、このような目的で老人ホームを利用するな！　とは言いません。これも老人ホームの使い方の一面だと思います。しかし、これだけは頭に入れておいてください。

家族間のトラブルを解決するのは、家族の責任であり、介護職員に求めるべきではありません。家族で解決するべきことです。

第2章

体験入居と口コミが役に立たないワケ

感動的な話には要注意

口コミではありませんが、介護の世界では、感動秘話的な話もよくありますが、これも要注意です。

少し前に、多くの老人ホームで事例発表会なるものが流行《はや》りました。事例の多くは、死んでいく高齢者に対し介護職員がどうかかわったかとか、認知症で右も左もわからない高齢者に対し、丹念にケアをし続けた結果、このような改善が見られた、というものでした。私は、この「事例」自体を、否定したり非難したいわけではありません。

私が問題だと考えているのは、とりわけ「死」という、今の医学では逃れようのない現象に対し、「人はこうあるべきだ」と推奨するような言動に対し「NOだ」と言っているのです。その人が、どう死のうとそれはその人の自由です。なんで自分が死ぬときに、周囲を感動させなければならないのでしょうか？「まだ、死にたくない！」「もっと生きたい！」と叫びながら、無様《ぶざま》に死んでいったって、いいじゃないですか、と言いたいのです。

認知症も同じです。「認知症の高齢者はこうあるべきだ」とか「認知症の高齢者だってここまではできるはず」ということは、介護側（周囲）の押し付けです。できてもいいし、できなくてもいい。どっちだっていいじゃないですか。その人の自由です。

特に、認知症の場合、人様のご迷惑にならないように、という概念が強く出てしまいがちですが、周囲の人の理解が進めば、おおむね解決できる話ばかりです。もっと言うと、認知症を発症する人など、全高齢者の中の一部にすぎません。長寿社会になっているため、その割合が増えてはいますが、高齢者全員が認知症になっているわけではないということを、私たちは頭の中に入れておくべきだと思います。

ある機関の調査によると、現在65歳以上の人口に占める認知症患者の割合は18％です。さらに、これを細かく年代別に見てみると、80歳以下の高齢者の認知症は10％以下です。80歳を超えると急増し85歳以上の高齢者は約50％が認知症になっているといいます。

この数字をどう見るかだとは思いますが、私は、80歳までに死んでしまえば、多くの人は、認知症を発症することなく人生を終えることができると理解しています。みなさんは、自分が80年以上、生きる自信がありますか？　少なくとも、私にはありません。

すこし、商売的な視点からも考えてみます。介護事業者にとって、認知症は比較的簡単にお金を獲得することができる対象です。こうした表現を不愉快だと感じる方もいると思いますが、現実をありのままに語るならば、この通りです。だから、多くの介護事業者は、ありとあらゆるところで、寝ても覚めても認知症、認知症と言っています。

認知症をターゲットにする理由は何でしょうか。理由は簡単です。相手が困っているからです。困っている人を相手に商売をするというのは、ある意味、楽に商売ができます。考えてみてください。困っている人は、みな、藁《わら》にもすがる気持ちで相手にすがっていきます。だから、多くの介護事業者が、できるできないにかかわらず、「認知症対応」を自分たちのサービス商品として声を大にして売り込んでいるのです。

話を人の死に戻します。介護は日常生活です。日常生活に大それた感動など必要はありません。もちろん、たまには感動することも必要ですが、年がら年中感動していると疲れてしまいます。たまに、非日常的な世界を覗《のぞ》いて感動している程度でいいのではないでしょうか？　それでは、日常生活にとって必要なこととは何でしょうか？　それは、喜怒哀楽です。頭にきたり、悲しくなったり、怒りで手が震えたり、うれしくなったりすること。これが、介護にとって一番重要なことだと私は考えています。

野生と動物園の話

喜怒哀楽の話をすると、私は決まって次のエピソードを思い出します。それは、在宅介護に熱心に取り組んでいる介護職員A君との話です。A君は私に「老人ホームって動物園と同じですよね」と言いました。彼の論は、次のようなものでした。老人ホームは、24時間365日、万全の態勢で入居者である要介護者を管理しています。

朝になれば起床を促《うなが》し、時間になれば食事を与える。運動不足にならないように適度に運動もさせ、日光浴をさせる時もあります。毎日、部屋が汚れれば掃除もするし、尿や便といった排泄介護を通して体調管理までしてくれます。

老人ホームの入居者は、まるで動物園の展示動物と同じですねと、A君は言います。たしかに、言われてみればその通りです。老人ホームによっては、ホーム内をエリアごとに分けて、ここから先は認知症専用フロアとか、自立高齢者専用フロアなどという念の入れようです。

A君に言わせれば、在宅で一人暮らしをしている認知症の高齢者は、〝たくましい〟と言います。認知症であるにもかかわらず、自分は一人で生活をしていかなければならないという自覚があるので、常に適度な緊張感を持って生活しています。そのため、お腹が減れば、自分で食事を作って食べます。時には、こんな食事をどうやって作ったんだろう、と感心するようなケースもあるそうです。もちろん、長いスパンで見れば、その間、事故やトラブルに見舞われることもあるでしょう。がしかし、それでも、何より自分らしく生きているとA君は言います。それにひきかえ、老人ホームの入居者は……「かわいそう」というのがA君の言い分でした。

安心安全な生活を望むか、自分らしく生きることを望むか。リスクをなるべく回避するということを望むのであれば、圧倒的に老人ホームのような施設系の高齢者住宅で暮らすのが一番です。しかし、アクティブに暮らすことを求めているのであれば、自宅で、自力で、生活するほうが良いと私も思います。多少リスクはあっても自分らしく生きることを選ぶか、常に人のサポートのある安全安心な生活を選ぶかは、当事者が決めることなのだと思います。

どちらが良いのかというよりも、どちらを自分は選ぶのか、ということなのです。

関連事項として、介護保険に関する話をしておきます。

介護保険制度は、何度も言いますが、必要最低限の支援です。必要最低限の支援である以上、その人の可能性を制限して管理するという仕組みです。この意味がおわかりになるでしょうか？　できるかもしれないが、そのためにはたくさんの労力が必要になるということに対し、介護保険制度は「やらない」という決断をし、その可能性の芽を摘《つ》み、可能性を絞り込んで対応します。

たとえば、もしかしたら歩けるかもしれない状態の高齢者に対し、「介護保険制度では、危険だから『車いす』を利用しましょう」という結論にし、保険の中で車いすを手配するという支援を選択します。これが介護保険制度です。ちなみに、医療保険も同じ考え方で良いと思います。

したがって、なんでもそうですが、本人の可能性を広げていくためには、「個別対応」ということになるはずです。勉強でも個別指導、トレーニングでも個別指導、介護でも個別介護ということになります。もちろん、その場合、多額の費用がかかるということは言うまでもありません。

体験入居の居心地がいいのは、当たり前

多くの老人ホームや介護のプロは、「どんなホームかわからないので、まずは体験入居をしてみてはどうでしょうか？」という提案をしています。そして、その提案に対し、多くの入居相談者は「なるほど」と共感し、体験入居をしています。そして「このホームでいいんじゃない？」という結論に至り、入居を決めてしまいます。

また、体験入居とほぼ同じ意味合いのスキームに「ショートステイ」というのがあります。ショートステイとは、数日から1週間程度を目安に、当該ホームにステイするスキームを言います。体験入居と違うところは、料金体系です。

体験入居の場合は、当然、無料のホームからいくばくかの実費を支払うパターンが多いようです。ショートステイの場合は、少し話が複雑で、介護保険制度の中で行うショートステイと、全額自己負担で行う自費のショートステイに分かれます。さらに、世の中にはショートステイ専門の介護保険施設もあります。

多くの老人ホームでは、体験入居やショートステイという商品を用意しています。目的

はもちろん、新規入居者獲得のためです。

多くの老人ホームの入居担当者は、次のようなことを口にします。「なんとかホームまで来てもらえれば、説得することができるのに！」と。これは、相談者や対象者が自分の老人ホームに見学にさえ来てくれれば、口説《くど》き落とすことができる、という自信の表れです。ましてや、数日間の体験入居をしてくれれば、確実に説得することができる、という話なのです。

ちなみに、私自身も、まったく同じ考えです。理由は簡単です。その道の専門家が、素人《しろうと》に説明をする時、単に口先だけで説明をするのと、パンフレットなどを見ながら説明するのとでは、どちらがわかりやすいでしょうか？　さらに、パンフレットなどを見ながら説明をするよりも、実際にホームを見学しながら説明を受けるのとでは、いったいどちらがわかりやすいでしょうか？　答えは歴然ですね。ホームを見学しながら説明を受けるほうが圧倒的に理解もしやすく、印象にも残ります。

さらに、多くの見学者は老人ホームの素人なので、何度も何度もホーム側の説明に「なるほど」「なるほど」と頷くはずです。ましてや、体験入居などで実際に本人が数日間入居してしまえば、まさに「飛んで火に入《い》る夏の虫」です。

その昔、私が介護職員だったころの話です。体験入居があると、次のような指示がホーム内に飛びました。「205号室のAさんは本日から10日まで体験入居です。対応が気に入っていただければ、そのまま本入居になります。逆に、対応が気に入らなければ、本入居にはなりません。なお、その場合、私たち介護職員に責任が生じます。くれぐれも、本入居にならない、ということがないように、しっかりと介護支援をしてください」。そう言って、Aさんに対する細かい情報と指示を介護職員全員で共有します。

さらに、数日間の話なので、なるべく、そつなく対応できる優秀な介護職員がAさんの対応に選抜されます。つまり、特別待遇、VIP待遇になるわけです。

たとえば、Aさんからのナースコールが鳴れば、最優先で速《すみ》やかに対応することになります。居室に家族がいようものなら瞬時に対応し、点数を稼ぎます。毎日、何度も居室を訪問し、声掛けを行い、丁寧な介護職員であることを演じます。

夜勤帯など、Aさんがいる間だけ、特別フォーメーションを取ることも珍しくありません。そのくらい「特別扱い」をしてホームを気に入ってもらうように努めるのです。

誤解のないように言っておきますが、これは会社からの指示というよりも、現場の判断です。介護職員も人の子です。体験入居など、本入居へのお試し入居の場合、自身の仕事ぶりが評価されるかどうかが試されるという感覚になるため、自然とこのような対応になっていきます。

つまり、人の持つ「承認欲求」というものは、恐ろしいということです。私はまったく興味がないのでやりませんが、多くの人がSNSなどで「高評価」「グッド評価」を求めているのと、同じ気持ちだと思います。

この問題に関する裏話を一つ。

そうはいっても、体験入居や終身ホームでの営業目的のショートステイをやること自体は、多くの介護職員は、実は「NO」なのです。制度や仕組み自体を前向きには受け止めていません。なぜだと思いますか？　理由は2つあります。一つは、入退去の手続きが面倒だからです。持参した荷物のチェックに始まり、その管理方法、中には、特別な器具を持ち込む入居者もいて、その操作方法なども覚えなければなりません。細かいことを言えば、おむつの種類も違うので、やり方も変わります。

訪問介護の介護職員であれば、このようなことは当たり前のことなのですが、施設介護の場合、可能な限り業務を平準化している関係上、いつもと違うことに対する違和感はストレスになります。

さらに、これが介護職員からすると一番ストレスになることなのですが、体験入居者、ショートステイ入居者に対する支援で労働比重が大きくなるため、本入居で何カ月間も住んでいるほかの入居者に対する支援が手薄になってしまいます。

ほかの入居者からトイレ介助の申し出があっても、場合によっては、待ってもらい、体験入居者を優先しなければなりません。

私が働いていた老人ホームの例で言いますと、1000万円超の入居金を支払い、毎月数十万円の利用料金を負担している入居者ばかりのホームでしたが、体験入居や営業的ショートステイの入居者は、ほとんど費用の負担がありませんでした。介護職員の中には「なんで、大金を支払っている入居者に待ってもらい、無料で入居している人を優先しなければならないのか？　逆なのでは？」と思いながら仕事をしていた介護職員も少なくありません。矛盾点であり、難しい問題です。

体験入居や営業的ショートステイには、このような事情があり、そこで実践されていることは、実態ではありません。本入居になったとたん、ナースコールを鳴らしても、忙しければ「待たされる」という現象が起きます。だから、体験入居などでホームの介護実態を知ることは、無意味なことだと私は考えています。

それでは、素人は、どのような方法でホームの良さを理解すればよいのでしょうか？　私は、仕事柄、良いホームを紹介してほしいと頼まれるケースが多いのですが、私は次のように回答しています。老人ホームのことを真剣に勉強する気がありますか？　現実的に勉強する時間を捻出することは可能ですか？　と。

多くの方は「無理です」と答えます。そうであれば、老人ホームの勉強をしても無駄です、というより無理ですと答えます。

ほんの数時間、ほんの数ホームの見学をして、良い老人ホームかどうかなど、わかるようになるわけがありません。老人ホームを舐《な》めないでもらいたい。と言いたいです。つまり、中途半端に聞きかじった知識や知見で、良い老人ホームを選ぶということは無理だということになります。

それでも、良い老人ホームを選びたい、というキトクな方には、老人ホームを選ぶのではなく、老人ホームに詳しい入居相談員を選ぶことに徹《てっ》するべきだと言っています。

ちなみに、入居相談員は「人」なので、自分が「この人はいいな」「この人は自分のことを理解してくれるな」「この人は話がわかるな」と感じる人であれば良いので、老人ホームの専門的な知識や知見は不要です。

つまり、事前に準備したり、勉強したりする必要はないということになります。これなら、時間のない人でも大丈夫です。つまり、自分が好感の持てる入居相談員と出会えるまで、またはホーム長などホームの管理者、リーダーと出会えるまで、何度も何度も出会いを求めて探し続ければよいということになります。

なお、より詳しい話は次の節で解説します。

入居相談員やホーム長でホームを選ぶことが重要

老人ホームを探し、そして選ぶという行為には、次のような方法があります。

まずは、インターネットで老人ホームを検索して探す方法です。

もう一つは、実際に老人ホームの入居相談担当者と会って話をしながら、どこのホームが良いのかをすり合わせていく方法です。

最近では、インターネットできっかけを作り、その後、実際に老人ホームの入居担当者と相談をしながら老人ホームを決定していく、というプロセスが多いようです。

ここでは、入居相談員の選び方について話を進めていきます。

まず大前提として、老人ホーム選びを真剣にするためには、一定以上の勉強が必要だということです。今までに何度も、このことについては触れてきています。時間をかけて学習するべきだと言いました。しかし、親を捨てるための老人ホーム選びについて、子世代が老人ホームのことを勉強しようというケースは稀《まれ》です。

つまり、捨てる場所とはいえ、老人ホーム選びには失敗をしたくない、しかし、勉強もしたくない、という人が取れる最善の方法は、入居相談員を選ぶということなのです。

ちなみに、入居相談員というと、特定の老人ホームに所属している入居相談員と、老人ホームの紹介センターに所属している入居相談員とがいますが、相談員としての役割は同じなので、どちらのケースも同じ入居相談員と整理させていただきます。

具体的な話を進めます。老人ホームの場合、スペックについては、ホームページやパンフレットなどで確認することができます。しかし、老人ホームの場合、そこで提供されている介護支援サービスが重要になっていきます。なお、多くのサービスは、やはりスペックで判断することが可能なのですが、一番重要な「人肌」の介護支援は、どうしても、その支援をする人で判断しなければならなくなります。

しかし、多くのケースでは、具体的な介護支援を提供してくれる介護職員や看護職員などと会って、話をすることはできません。したがって、入居相談員やホーム長などの人となりで判断することが、ホーム選びにとっては重要なことになってくるのです。入居相談員やホーム長の介護観は何か？　価値観は何か？　というところから、自分の価値観と同じかどうかを判断していきます。そして、自分と同じ価値観であれば、その人の言うことを鵜呑みにすればよいのです。なぜなら、相手は、自分と同じ価値観を持った専門家だからです。

究極的な言い方をすると、この価値観や介護観の同じ人がかかわっている老人ホーム、勧めてくれる老人ホームが一番、自分にとって、合っている老人ホームということにしてよいと思います。

ちなみに、この話をすると、老人ホームの紹介センターの入居相談員が勧める老人ホームなど、単に自分自身がもらえる手数料の高いホームではないのか？　と考える方も多いと思いますが、これがこの業界の面白いところで、私の主張でもある、介護には「流派」があるということにもつながる話なのですが、必ずしも経済合理性だけで判断することは少ないと理解して良いと思います。

口コミが役に立たない理由とは？

多くの人が、口コミ情報を活用し、口コミ情報を効果的なものだと信じています。その理由は、事実や体験に基づくものだからです。私も口コミ情報はよく活用し、決定の参考にします。そういう意味では、口コミは有効です。

しかし、私自身は口コミを次のような定義に基づき活用しています。私は職業柄、老人ホームに関し、豊富な知識と知見を有しているため、その口コミを見ただけで、その背景にあるものまで簡単に行き着くことができます。これが、口コミを活用する定義です。

例を挙げて説明をします。ある人の口コミです。「Aホームは、ひどいホームです。介護職員はたくさんいるにもかかわらず、近くで着替えをしている入居者がいても無視です。よく見ると、その入居者は手が不自由なようで、必死の形相《ぎょうそう》で洋服の着替えに悪戦苦闘をしています。気の毒に見えました。しかし、介護職員は、そんな入居者のことなどおかまいなしで、反対側の入居者とたわいもない話を笑顔でしています。何度もチラチラ見ているので、着替えで困っているということは認識していたはずです。ひどい介護職員です。こんなホームに親を入れると大変です」という口コミだったとしましょう。

介護に対する知識と教養を持っていない人が、この文面を見れば、多くのみなさんは「ひどい介護職員」だと考えるはずです。当然です。

しかし、私はこう考えます。このホームは自立支援が売りのホームです。特に、このホームの自立支援は、残存機能を維持していくことに力を入れています。本人が、あきらめない限り、このホームでは残存機能をフルに使うことを「良し」としています。したがって、手伝うことはしません。手伝うケースは、本人がギブアップした時だけです。

もし、この情報や知識が事前に入っていた場合、この口コミの評価はどう変わるでしょうか？ 着替えている入居者は、必死に自分だけで着替えようとしています。だから、介護職員は、着替えを手伝うことはしません。さらに、何度もチラチラ見ていたということは、気にかけて様子をうかがっていたということです。隣の人と話をしながら、着替えている対象者にも気を配っていたということがわかります。

つまり、私のような専門家には、当該ホームは、ひどいホームとかひどい介護職員という評価にはなりません。むしろ、自立支援に真剣に取り組んでいるホーム、ということになります。

なんとなく、読者のみなさんも理解できたでしょうか。さらに言うと、見守り介護は、直接介護より厄介で、難易度の高い介護技術が必要です。

多くの介護職員は、見守り介護がまともにできず、ついつい自分が手を出してやってしまいます。理由は、自分でやったほうが早いからです。このケースも、介護職員が自分で着替えを手伝ってしまえば、数分で着替えは終わります。そして介護職員は、次の仕事に着手することも可能です。

しかし、このホームは介護職員がたくさんいる関係で、一人の介護職員が、見守りという面倒な介護に対し、十分な時間をかけて介護支援をすることができる環境にあったということです。

参考までに、私ならこのホームにこう口コミを流します、と記しておきます。「Aホームは、自立支援に真剣に取り組んでいるホームです。介護職員が手厚く配置されているために、見守り介護が十分にできています。先日も、ホーム内で次のような光景を目にしました。手の不自由な入居者が介護職員の横に座り、自身で懸命に着替えをしています。正直、少し気の毒になり、介護職員が手伝ってあげれば良いのにと思いました。しかし、ここの介護職員は、自立支援についてしっかりと学んでいるようで、あえて見て見ぬふりをしています。しかし、私には見守りをしている介護職員が、着替えをしている入居者のことを気にしている様子もうかがうことができました。5分後、どうにか着替えが終わりました。介護職員が着替えの終わった入居者の最終的な点検を行い、少し整容してからその場を離れていきました。自立支援という介護方法を望んでいる人は、このホームは必見だと思います」ということになります。

このように、介護とは、見える現象をただ見ているだけでは、実は正しく理解することはできません。私が介護業界に入った時、一番最初に先輩から教わったことは、笑顔で入居者の首を絞めて殺すようなことをしてはダメだ、ということでした。しっかりと相手の状況を見極めなさい、と言われました。

当時は、今のような自立支援などという言葉はありません。あったかもしれませんが、今のように浸透はしていませんでした。しかし、人の常識として「笑顔で絞め殺すな」という教訓を私たちは持っていたのです。

歩く能力があるにもかかわらず、めんどくさいので車いすが欲しいと言う入居者、自分で食べる能力があるにもかかわらず、面倒なので食べさせてほしいと甘える入居者、そのような入居者は、実はたくさんいます。その中で、その人のことを考え、歩ける能力があるのであれば「ゆっくりでもいいので歩きましょう」とか、「手が動く範囲で動かし、何とか自分で食べましょう」と促しながら、実践させることが重要だということです。

「歩けない」と言われ、「はい、そうですか」と言って車いすを用意すると、あっという間《ま》に本当に歩けなくなります。それで、本当にいいのですか？　自分のことを人にやってもらうということは、本来、それほど「楽」な話ではありません。むしろ、嫌なことのはずです。だから、多くの人は、自分の排泄の世話を他人にしてもらうことを良しとは考えていないのです。

「笑顔で入居者の首を締めて殺す」ことのないように。これが介護の今も昔も基本的な考えの一つです。

見守りを介護とは認めない理由とは？

どうしても多くの人は、介護職員に直接的な介護支援を求めています。平たく言うと、介護職員に見える形で労働をしてほしいと思っているのです。つまり、多くの人たちは、介護職員は、肉体労働者、体を使って働く人たちであるという偏見を持っているからだと思います。本来、介護職員とは、頭と心を使う仕事であり、けっして肉体労働者ではありません。肉体労働は、すべての業務のほんの一部にしかすぎないのです。

なぜでしょうか？　答えは簡単です。介護という仕事が失業者対策で生まれた労働だからです。その昔、リストラされた多くの失業者の受け皿が介護でした。

私は、時代背景から考えてみても、明らかにそうだと考えています。それまでは多くの失業者の受け皿は、ゼネコンでした。高速道路やトンネル、橋などの土木工事や大きなビル工事など、豊富な公共事業は失業者の受け皿でした。しかし、公共工事は「悪」になり、箱から人へ、箱モノから情報へといった時代の流れの中で、失業者を支えるだけの道路工事などはなくなりました。それに代わって登場したのが介護です。私はそう考えています。

だから、多くの介護サービスの利用者や、さらには多くの介護会社の経営者らは、介護とは肉体労働である、という発想になるのです。

だから、介護職員が涼しい顔で、冷房の利いている事務所で仕事をしていてはダメなのです。入居者や利用者のために、走り回り、「腰が痛い」と言いながら仕事をしていないと認めてくれない世界が、介護の世界にまだまだ根強く残っています。

私の持論を言わせていただければ、介護は「心」の仕事です。常に「心」を使う仕事なので、本当に介護の仕事を真剣にやっている介護職員は、「心」が強くなっているはずです。

老人ホームを見学に行った際は、「心」の強い介護職員がどれだけいるかを確認することをお勧めします。ちなみに「心が強い」とは、相手の立場を考えた上で、自分の立ち振る舞いを考え、実践できる人のことを言います。平たく言えば、人に対する思いやりです。この思いやりが備わっているかどうかが、まともな介護職員とそうでない介護職員の差だと私は考えています。知識や技術も大切です。しかし、それよりも大切なことが「心」です。

話が少しそれてしまいますが、大切な話なので、どうぞご容赦ください。私はいつも、自分のセミナーや勉強会で、参加者の方に次のような問いかけをします。もし、あなたが病気になり、手術をしなければならなくなった場合、技術は高いが意地悪な医師と、人格者ではあるが、技術が低い医師と、どちらに手術をしてほしいですか？　と問いかけます。多くの人は、技術の高い医師を選択します。では、もし、あなたに死が迫り、死への恐怖や不安の中で身体の面倒を見てほしいと思った時に、技術は高いが意地悪な介護職員と、多少技術はおぼつかないが、あなたのことを一所懸命に考えてくれる思いやりのある介護職員と、どちらにそばにいて介護をしてほしいですか？　と問いかければ、多くの人は、思いやりのある介護職員と回答します。これがすべてです。心のある老人ホーム、つまりは、心のある介護職員がたくさんいる老人ホームを探してください。

口コミに話を戻します。ご理解をいただけたでしょうか？　私はこの口コミから、前記のような背景を感じ取り、そして私なりの評価をしました。つまり、口コミの発信者とは180度違う評価です。

私は、旅行や食事に行く時、よく口コミ情報を確認します。その理由は、役に立つからです。なぜ、役に立つのかといえば、それは私が、旅行や食事に何度も行った経験を持っているからです。経験があるからこそ、口コミに書かれていることに対し、正しい判断ができるのです。経験や体験があり、知識と知見があるからこそ、背景をうかがい知ることができます。

しかし、老人ホームの場合、その性質上、口コミを書く人は、老人ホームで生活した経験はありません。素人です。さらに、その口コミを確認する人も、多くの場合、老人ホームに実際に入居した経験はありません。

つまり、老人ホームに関する多くの口コミは、老人ホームでの生活を経験していない人が、経験をしていない人に対して発信しているということになります。そのような情報がいったい誰の何の役に立つというのでしょうか？

私は、これらの理由で、老人ホーム初心者にとって口コミ情報は不要、確認しても仕方がない情報だと考えています。

第3章

間違いだらけの老人ホーム選び

今の時代、多くの方は、老人ホーム選びにネット上の検索エンジンを使っているはずです。特に、子世代は当たり前だと思います。ネット上の検索エンジンは、24時間365日、検索が可能なので便利です。しかも、最近ではＡＩの進歩も手伝い、性能も高くなってきています。しかし、この便利なツールも使い方を間違えると大失敗につながります。

本書は、私が考える正しい老人ホーム選びの指南書です。私が考える正しい老人ホームの選び方をご紹介していきます。

まず、正しい老人ホームの運営実態を知ることから始めよう

ほとんどの老人ホームでは、正しい空室管理はできていません。さらにこれに付随して、入居基準も曖昧《あいまい》です。これが老人ホームの実態です。

したがって、この曖昧な部分は、ネット検索では出てきません。まず、この事実を知ってください。なぜ空室管理ができないの？　そんなに難しいことではないはずなのに？　と

思う方もいると思います。理由を説明します。

みなさんは、どうして老人ホームは空室管理ができないと思いますか？　老人ホームで働いたことがある介護職員にしてみれば、ごく当たり前の話なのですが、老人ホームの場合、退去理由の多くが「死」です。入居者が「死ぬ」と退去になりますが、いつ死ぬかは誰にもわかりません。さらに、死んだ後、後片付けがあるため、個人的な事由で退去日が変動します。

多くの老人ホームでは、死亡即契約解除というルールになっていると思いますが、実際は、死んだ後、家族が荷物を引き取りに来て、部屋を空っぽにするまでは部屋が空きません。よくあるトラブルは、本社には死亡した事実が書類として上がってくるため、〇〇日で解約、新規入居者は××日から受け入れOKという管理をしますが、現場では、家族がホームになかなか来れず、結果、後片付けがなかなか進まず、「約束の解約日を少し遅らせてください。差額の費用は支払いますから」と言われれば、ほぼ無条件で日にちが希望日まで延びてしまいます。合理的かどうかはともかく、心情的には現場の判断は理解できる話です。長年、入居していただいた家族が、死に直面し、片付ける気にならないということに対し、介護現場は「わかる、わかる」となります。

この例を見ても、本社の把握する解約日とホームの把握する解約日は違います。このような個別事情を考慮した差異がたくさん起こっているため、正しい空室情報を把握することは、実は至難の業なのです。

さらに、これに入院などの状態が加わります。介護現場では、「Aさんが入院しました。もう、ホームに戻ることはできないかもしれない」といった話はたくさんあります。しかし、人の死は、誰にもわかりません。戻ることはないと思っていた人が戻ってきたり、すぐに戻るはずだった人が帰らぬ人になってみたり、です。この現象も、ホームの空室情報を把握しにくくしている要因です。

ホームによっては、1カ月以上の長期入院になった場合は、いったん契約を解除するというような取り決めになっていたりもしていますが、これも、現場の判断で変更になっているケースも少なくありません。本社は契約解除になっていると思っていたが、現場では契約が継続しているということなどは、ざらにある話です。よく考えてください。老人ホームの運営会社の大半は、中小零細企業です。今を生きるために必死な企業ばかりなのです。

そしてそれに加え、多くの老人ホームが入居者募集代行業者を多数利用している点も、空室管理を難しくしています。毎日、多くの募集代行業者が入居希望者を紹介しています。

しかし、その入居希望者が全員、スムーズに入居するわけではなく、部屋が埋まったり空《あ》いたりと、一つの部屋を巡って、さまざまなドラマが展開されています。仮予約とか仮申し込みとか、一様ではない入居相談ステージがあるため、この管理にもひと苦労です。

したがって、正しい空室情報は、そのつど、当該ホームの管理者に問い合わせるしかありませんが、それでも怪《あや》しいところです。旧態依然としたやり方にはなりますが、老人ホームの空室管理は、管理をしている責任者に直接確認する以外に、今のところ方法は見当たりません。

空室事情を複雑にしている理由とは？

さらに事《こと》を複雑にしているのが、老人ホーム特有の入居判定です。この判定が、空室管理をさらにややこしくしています。

たとえば、認知症の入居希望者がいるとします。営業担当者が「大丈夫です」と受け入れの意思表示をしたとしても、実際に介護支援をするのは、現場の介護看護職員です。実際の介護看護職員から「認知症で徘徊《はいかい》をする人は受け入れられない」と言われれば、入居の話は進みません。この場合の空室情報はどうなっているのでしょうか？　混乱しそうな話です。

さらに、1つの空室に複数の入居希望者がいる場合、それぞれの条件をホーム側が検討し、普通、ホームにとって一番条件の良い入居者を選ぶのが普通です。要介護1よりも要介護3の入居者のほうが、介護保険報酬が高いのでそのほうが良いという具合です。さらに、多動な認知症入居者よりも寝たきり入居者のほうが介護が楽だ、とかです。その基準はホームによって実にさまざまです。

トラブルの多いケースは、医療支援の必要性を根幹とする入居相談です。

「がんの末期です」というような場合、疼痛コントロールを薬でしっかりとやらなければならないようなケースでは、対応経験のない看護師しかいないホームでは消極的になってしまいます。そして、多くのホームでは、協力医療機関の医師に確認した上で、医師がOKと言えば受け入れ、NGと言えば受け入れることはしません。つまり、協力医療機関の医師のジャッジ次第、言い換えると、医師の考え方次第だということになります。

郵 便 は が き

おそれいりますが
63円切手を
お貼りください。

1 0 2 8 6 4 1

東京都千代田区平河町2-16-1
平河町森タワー13階

プレジデント社

書籍編集部 行

フリガナ		生年（西暦）　年	
氏　名		男 ・ 女	歳
住　所	〒 TEL　　（　　）		
メールアドレス			
職業または学校名			

ご記入いただいた個人情報につきましては、アンケート集計、事務連絡や弊社サービスに関するお知らせに利用させていただきます。法令に基づく場合を除き、ご本人の同意を得ることなく他に利用または提供することはありません。個人情報の開示・訂正・削除等についてはお客様相談窓口までお問い合わせください。以上にご同意の上、ご送付ください。

<お客様相談窓口>経営企画本部 TEL03-3237-3731

株式会社プレジデント社　個人情報保護管理者　経営企画本部長

この度はご購読ありがとうございます。アンケートにご協力ください。

本のタイトル

●ご購入のきっかけは何ですか?(○をお付けください。複数回答可)

1 タイトル　2 著者　3 内容・テーマ　4 帯のコピー
5 デザイン　6 人の勧め　7 インターネット
8 新聞・雑誌の広告(紙・誌名　　　　　　　　)
9 新聞・雑誌の書評や記事(紙・誌名　　　　　　　　)
10 その他(　　　　　　　　)

●本書を購入した書店をお教えください。

書店名／　　　　　　　　(所在地　　　　　　)

●本書のご感想やご意見をお聞かせください。

●最近面白かった本、あるいは座右の一冊があればお教えください。

●今後お読みになりたいテーマや著者など、自由にお書きください。

どうもありがとうございました。

老人ホームの中では、入居対応に関し一覧表を作成し用意しているホームがよくあります。インスリン「○」とかＩＶＨ「×」というような表です。これは、無いよりは、あったほうが親切なのですが、実際は、必ずしもこの通りに運用されているわけではありません。理由は、介護現場のその時の事情によるからです。

わかりやすく極端な話をすると、インスリン「○」となっていても、看護師が退職してしまえば、「×」になってしまいます。さらに、対象者を無限に受け入れることができるわけではないため、対象者が一定数を超えるとやはり×になります。さらに、さらに、対象者が想定を超えた手間ひまがかかるようであれば、そもそも、他の対応にも支障が出るので、やはり×になります。

また、次のような事情も多くの老人ホームが抱えている闇の部分です。

当たり前と言えば当たり前の話ですが、50室の老人ホームの場合、満室の場合と10室空いている場合とでは、介護看護職員にとって、どちらが職場環境としては良好なのかということです。介護看護職員の立場だけに絞って考えれば、10室空室があったほうがその分、仕事が少なくなるため、職場環境は良好です。平たく言えば仕事が楽です。考えてみてください。同じ賃金で仕事をするのであれば、３人の介護をするのと5人の介護をするのとではどちらが楽なのか、を。

空室は介護看護職員にとっては、必ずしも悪いことではありません。むしろ歓迎するべき話なのです。だから、せっかくの空室が埋まってしまう新規入居者は歓迎されないケースも多い、というのが現実の話です。「○○のような入居者は、他の入居者のケアに支障をきたすので、入居受け入れはできない」というやり取りは、今のこの瞬間も、どこかの老人ホームで行われているはずです。

結論から言いますと、老人ホームの受け入れ態勢は、常に変わるということなので、この情報を管理することは不可能だということです。結局、個別対応でそのつど考えるという以外に方法はないということになるのです。

老人ホームの場合、この受け入れ態勢の曖昧さが空室管理にも影を落としています。さらに言うと、このわかりにくさ、不透明さが、老人ホームに対する不信感につながっているとも考えられます。

少し安心していただきたいことは、この話はプロ同士でもなかなか理解することができない話なのです。老人ホームとケアマネジャーなど介護の専門家同士でも、「なんで受け入れてくれないの?」ということが多々起きています。したがって、一般の介護素人の方が、この真相を完璧に理解する必要はないと思います。必要なことは、このような微妙な現象が常に発生しているため、老人ホームの入居者受け入れには、常に老人ホーム側に対する確認が必要だということです。

入居率の高いホームは良いホーム

老人ホームに「良い」「悪い」はありません。これが私の持論です。

あるのは、相性が良いホームと悪いホームです。しかしながら、多くの読者の方は、このような本を買って読む以上、そうは言っても「良いホームはあるはずだ」と考えるのではないでしょうか。そこで、この節では、「良いホーム」について解説していきます。

入居率、入居維持率の双方が高いホームは、一般論として「良いホーム」と考えて問題はない、と私は考えています。逆に、いつまでたっても、空室ばかりのホーム、いつでも多くの空室を抱えているホーム、このような現象があるホームは、悪いホーム、ダメなホーム、と言ってよいはずです。

その理由を説明していきます。老人ホームの運営実態については、前記した通りです。つまり、老人ホームの入居基準、受け入れ態勢は、きわめて曖昧で介護看護職員に大きく左右されてしまいます。この論をもって、次のような論が成り立ちます。

能力の高いホーム長や施設長、介護職員や看護職員が働いているホームは、どのような状態の入居者でも受け入れることができるので、結果、空室は少ない。逆に、空室がなかなか埋まらない老人ホームは、配置されている職員の質が低いため、〝多少難あり〟という入居者の受け入れを拒絶してしまうので空室が発生している、と考えることができます。

よって、良いホームとは空室がないホームという理解でかまいません。したがって、良いホームに自分の親を入居させたいと考えている人は、空室のないホームを探して入居させればいいわけです。

大雑把に言えば、この考えで問題はありません。多少、考慮しなければならないことは、入居希望者の身体状態の評価について、医療と介護の立場の違いによって、議論が起こることです。しかし、私の経験で言うなら、ダメなホームは、入居を断わる方向で双方が調整に入り、良いホームは、多少難のある入居者ではあるが、どうすれば自ホームで受け入れることが可能なのかを考える、という違いがあるということです。

もう一つ、良いホームの条件を記しておきます。

ほとんどの人が、ホーム選び時にほぼ無視しているのですが、良い老人ホームは、職員教育に力を入れています。ちなみに、「職員教育」に力を入れていますか？　と聞けば、「力を入れています」とすべてのホームが回答します。しかし、私の見解はその逆で、多くのホームは「職員教育」に力を入れていません。正確に言うと「職員教育どころではない」というのが本音だと思います。

ところで、どのような外形が確認できれば、ひとまず、職員教育を熱心にやっているホームなのかといえば、まず、ホームや会社の組織図に「教育部」「指導部」のような専門部署があるかどうかです。さらに、その部署が、どこにあるかも重要です。教育に熱心な会社では、社長など経営者の直下に置いているケースもあります。これは、介護職員の教育は、社長である自分が直接かかわっていく、という強い意志の表れからそうなります。

もちろん、絵に描いた餅も少なくはないため、機能しているかどうかの確認は必要ですが、その確認は、施設長やホーム長をはじめとする現場職員と話をすれば、おおむね判断することができるはずです。

念のため、申し上げておきますが、みなさんは、私が老人ホームにおいて、なぜ「教育部」という組織の存在が重要だと言っているのかおわかりになりますでしょうか？　多くの老人ホームの場合、老人ホーム内で介護や看護業務を実施しています。そして、その介護と看護業務を実施している者が現場職員です。当たり前です。

つまり、現場職員は、ホーム内で提供される介護看護業務の「質」そのものだと言っても過言ではありません。現場職員の質が高ければ、そこで提供されているサービスの質も高い、という言い方もできるはずです。産業的な言い方をすると、介護サービスの質を上げるには、介護職員の質を上げること、ということになるのです。そして、それを日夜、指導、教育をしている組織が恒常的に存在しているということが、重要になるのです。

考えてみてください。いくら長い歴史を有する老人ホームだったとしても、そこで介護職員として働いている人たち全員が、長い介護歴があるとは限りません。中には、ホームの歴史は長いが、働いている介護職員は新人ばかり、というケースもあると思います。

さらに言えば、多くのホームでは、新人、中堅、ベテランが混在し、それこそ、介護看護スキルにばらつきが生じています。サービスの品質にばらつきがあるということです。

ホーム長などの管理者が、どう整合性をとって運営していくのか？　ということになるのですが、現実的な話をすれば、管理者だけに任せておくような話ではありません。最近、サステナブルとかＳＤＧｓなどというキーワードが踊っていますが、老人ホームにおいて、持続可能な介護看護支援を提供していくためには、すべてを管理者任せにしていては、うまくいきません。

私の目から見ても、このホームは統制がとれ、教育が行き届いている良いホームだな、というホームはありますが、このホーム長がいなくなったら、このホームは、いったいどうなるのだろうか？　と心配になる時が多々あります。したがって、同一企業において複数のホームを展開しているような場合は、職員教育を司《つかさど》る組織が本部と言われるところにないと、結局は、単なる職人集団になって、個人の力に大きく依存することになってしまいます。そして、その人がいなくなったとたんに、ホームがガタガタになるという話は、実によくある話です。そうなった場合、最終的に割を食うのはもちろん入居者であり、その家族であるということは言うまでもありません。

最後に、次のことを加えておきます。

老人ホームの「教育」には、２つの機能と目的があります。１つは、提供しているサービス自体を管理するという意味での教育、もう1つは、サービスをどう提供していくのかを考える、という意味の教育です。これまで私が、重要だと言ってきている教育は、当然、後者のことを言っています。ちなみに、前者の教育は、私は教育というよりも営業だと考えています。

詳しい説明は省きますが、多くのケースでは、「このような業務ができないと、または、このような業務に取り組まないと介護保険報酬の算定ができませんよ」という制度のもと、算定することができるように介護職員を教育していくことを言います。知識や技術の習得という色合いが強いと思います。

しかし、私がここで言っている「教育」とは、そのようなことではありません。もちろん、そのような教育が無駄だと言っているのではありません。経営的な視点では重要です。私の考える「教育」とは、サービスをどう提供していくべきなのかということに対する教育です。適切な表現かどうかはわかりませんが、学校教育にたとえて考えてみれば、数学とか理科という知識の習得ではなく、道徳のようなものにあたるはずです。

たとえば「同じタイミングで、2人の入居者からナースコールが鳴りました。ここにはあなた一人しかいません。どちらの入居者を優先して対応するべきですか」という問いに対し、どう行動するべきなのか？　という話です。どちらを優先するべきなのかを考え、どちらにするかを決めること、そして決めたら、職員全員で同じ見解を共有できること。このことを、私は「教育」と言っています。そして、このことがホーム運営では重要であり、このことについて全職員が同じ認識を持っているという状態を、教育が行き届いているホームと言っています。

医療は個人能力、介護は集団能力

医療処置と介護サービスとの大きな違いは何でしょうか。医療の限界とは、自分の力の限界です。したがって、能力の高い医師や看護師は、この程度の身体状態の入居者であれば、自分には経験と知識があるため、何ら問題なく受け入れることは可能だと判断します。しかし、経験や知識などがない医師や看護師は、自分にはできない、心配だ、と考えるので、受け入れには消極的になります。

介護サービスの限界とは、当該ホームにいる介護職員全員の集団としての限界です。したがって、いくら能力の高い介護職員がいたとしても、そこに能力の低い介護職員がいる場合は、そのホームの介護能力は、低い介護職員に合わせていく流れになってしまいます。つまり、医療対応能力は個別事情、介護対応能力は集団事情による、ということなのです。

もう少し、この問題を掘り下げていきましょう。常識で考えてみればわかる話です。老人ホームで働く医療職（多くは看護師を指します）は、いったい、どのような背景を持った医療職が多いと思いますか？　中には、高齢者介護を医療面で支えたいと真剣に考え、高齢者のことを猛烈に勉強している医療職はいると思います。けれども、それは少数派です。多くの医療職は、医療最前線では、もはや通用しなくなった医療職ばかりです。平たく言うと、最前線の医療現場を引退した医療職ということになります。

介護保険3施設の中に老人保健施設という施設があります。俗に、世間では「老健」と言われています。老健は、医師の配置が絶対条件であり、施設長イコール医師というルールになっています。そして、この老健に従事している医師の多くは70歳以上の高齢者ばかりです。中には80歳以上で、いったいあなたは、入居者ですか？　お医者さんですか？　というケースもけっして少なくありません。これが実態です。

もちろん、創業家に生まれ、老健経営に情熱を持っている立派な若い医師もいると思います。さらに言えば、高齢であっても医療への情熱が冷《さ》めていない医師もいるはずです。

しかし、多くの介護事業の専門家は、「老健という施設は、情熱のある医療従事者がやると経営がうまくいかない」と口をそろえます。私もそう思っている一人です。それは、病院ではなく、介護施設だからです。この言葉が、すべてを物語っているはずです。

したがって、介護現場にいる多くの医療従事者は、医療に対し慎重で消極的で、自分の持っている能力の50％程度のレベルに仕事の限界点を設定しているように思えます。慎重のどこがいけないの？　リスキーな医療に挑戦することは、一見、正当性があり、華《はな》やかに見えるけど、人の命がかかわっている医療の中で、一か八かの医療処置などされたらたまったものではない、という読者もいるのではないかと思いますが、それは医療の最前線にある大学病院で議論してもらう話です。

老人ホームという場所を考えた場合、論理的に考えて、そのような難問に当たることは、まずありません。冷静に考えればわかることです。

老人ホームに入居する高齢者は、いったいどこから来るのでしょうか？　多くは病院です。つまり、病院の医師から退院許可が出た高齢者が老人ホームに来ます。引き続き高度なレベルの医療処置、つまり医療機関でなければ対応できない医療処置が必要な高齢者の場合、そもそも、退院許可が出ないので、老人ホームに入居するということは制度上はありえません。

次に多いのが自宅です。自宅で、家族や介護事業者、在宅医療従事者の支援を受けて生活している高齢者です。この場合、主たる介護者は家族です。ほかの介護施設からの転ホーム組も、老人ホームに入居してくることがあると思います。

したがって、高度な医療処置が必要な入居者は、老人ホームの入居対象者ではないということがわかるはずです。せいぜい、医療依存度の高い高齢者がいる程度です。この場合の医療依存度とは、医療従事者でなければできない施術のことを言い、たんの吸引や注射などを指《さ》します。

つまり、老人ホームにおいて受け入れ態勢が弱いホーム、「このような状態の入居者は受け入れることができません」というホームの大半は、優秀な医療従事者（多くは看護師になりますが）の配置ができていないということなのです。さらに言うと、できないのではなく、やらない、やりたくない、面倒くさい、ということになると思います。あるホームの看護師は、「自分以外は、まともに臨床経験もなく、ただ資格を保有しているだけの名ばかり看護師なので、医療処置を任せることができない。したがって、自分で対応できる範囲を超えた場合は、入居者の受け入れを拒否せざるをえない」と言っていました。これが、今の多くの老人ホーム内で起きている現実です。

だから、どうしても良いホームという視点で老人ホームのことを考えたい方は、入居率の高いホーム、空室がないホームを探す以外に方法はありません。なお、もう、お気づきのことと思いますが、空室がないホームは、当然、入居すること自体が困難になります。

なぜ、入居者を受け入れないという現象が起きるのか？

少し視点を変えて話を進めていきます。なぜ、入りたいという入居者に対し「ＮＯ」と言うケースが発生するのでしょうか？

私は、次のように分析しています。介護業界は、そもそも、医療業界から派生して出来上がった業界です。介護保険法は２０００年から始まりましたが、当然、その前から介護という仕事はありました。私が介護業界に身を置いた当初は、介護業界の主たる担《にな》い手は、医療従事者でした。かくいう私も、介護の多くは、医療従事者、わかりやすく言えば、看護師から学びました。介護とは「介助と看護の造語」だと学んだ記憶があります。つまり、発想は看護の下請け、病院で言うところの「看護助手」という位置づけです。

あまり大きな声で話すことではありませんが、介護業界歴の長い介護職員は、高齢者に必要な医療行為をマスターしている者が多いと思います。私もその昔、今ではたんなる介護職員には禁止されている医療行為を無資格であるにもかかわらず、熱血看護師に叩き込まれ、当たり前にやっていた記憶があります。

多くのケースで入居者の受け入れにNOという現象が起きる原因は、前にも記した通り介護や看護の能力不足により、自分の業務量が増えることを嫌がるからです。ある職員は、現状の入居者の対応でいっぱいいっぱいなので、これ以上のことに対し、「責任を負えない」と言って「NO」と言います。「責任を負えない」というのがキーワードです。

当然、これは人としての責任感から来るものなのですが、このようなことを言う介護職員のいる老人ホームは、逆に言うと経営者が無責任であるということの裏返しということでもあります。困難な入居者を受け入れて、万一、事故があった場合、自分だけが怒られ、矢面に立たされ、さらには責任を負わされる、または負わされたことがあるという経験をしている現場職員は、このような発想になるのも無理はありません。現場で起きたことは、ホーム長や施設長の責任、経営者の責任であるといって、現場職員を守るという姿勢が会社にあれば、このような考えに現場職員が陥《おちい》ることはないはずです。

さらに私が言いたいことは、入居者やその家族の無責任さです。これは、大きな問題だと私は常日頃から言っています。自分のことをホーム側に押し付け、知らん顔。お金さえ払っていればいいんだろう！　という発想で、何でもかんでも老人ホーム側に押し付けている入居者や家族が多すぎます。現実として、次のようなことは多々あります。

入居する前は「拝みます」「頼みます」と入居を懇願するも、いざ入居したとたん豹変し、身体拘束も禁止、車いすも禁止、ホーム内は安全なので、すべて本人に歩かせるような介護支援を強要し、万一、ケガをさせようものなら、損害賠償請求をするぞ、と言って足腰の立たない入居者に24時間つきっきりで面倒を見ろと強要する家族もけっして少なくありません。

多くの介護現場では、このようなことを経験し、その結果、自分たちが頑張って入居者の世話をしても、結局、家族の期待に応えることができなければ、逆に責められたり、罪に問われたりを繰り返してきました。理解できるでしょうか？　相手のことを考えて、良かれと判断して、無理してでもやったことが、逆に、自分が追い込まれることになってしまうという現実。これを経験することで、多くの介護看護職員が学んだことは、「何もしない」「頑張らない」ということが一番正しい働き方である、ということです。

したがって、責められる事情を少しでも抱えていそうな入居者には、初めから、かかわらないほうが得策である、ということを多くの介護看護職員は実践しているということだと思います。

さらに、最近の傾向として強く出ていることは、入居者が要介護度いくつか？　という点です。ご存じの通り、要介護1よりも要介護5のほうが、老人ホーム（特養や介護付き老人ホームの場合）が受領できる介護保険報酬は、多いという事実があります。もちろん、これは要介護1よりも要介護5のほうが介護支援の手数が多くなるから当たり前、という論を背景に整備された制度です。

しかし、現実は、この論の通りにはなっていません。要介護2の徘徊する認知症の入居者と要介護5の寝たきりの入居者とでは、どちらが手がかかるかは説明するまでもありません。しかし、老人ホームがもらえる介護保険報酬は要介護5の寝たきりの入居者のほうが多いのです。入居者の要介護度によって、入居がスムーズに進むケースと進まないケースがあるという事情が、おわかりになられたと思います。乱暴な言い方をすれば、要介護2よりも要介護5のほうが一人当たりの単価が高いので、収益を考えた場合、一部屋しか空いていなければ、要介護5の入居者を選ぶのが普通です。

このあたりのことも多少理解しておくことは、正しい老人ホーム選びには必要だと思います。

空室がないホームにどうやって入居するのか？

空室のないホームは良いホーム。何度も繰り返して言っている話です。それでは、どのように空室のないホームに入居をすればよいのでしょうか。方法は2つあります。

一つは、事前に予約をしておく方法です。「空室が発生したら連絡してください。必ずホームに入りますから」と言っておけばよいのです。もちろんこの場合の、空室が出たらとは、死亡退去のことを指します。つまり、今、入居している誰かが亡くなって空室が出たら連絡をもらうイメージです。もちろん、多くのケースでは、在宅で空室を待つことができないことが多いため、自宅で待機するのではなく、ほかの場所で待機することになります。

さらに、関連した話として記しておきますが、老人ホームの入居者の中には、最終的には「特養ホーム」に行きたいというニーズがあります。つまり、特養ホームの待機場所として、老人ホームに入居しているという現象です。理由は、何度も言っていますが、価格が安いからです。しかし、この章では、安い、高いではなく、自分に合ったホームに入ること、中でも、良いホームに入ることがテーマですから特養ホームのことは忘れることにします。

事前予約で良いホームに入るためには、当然、当該ホームのことをよく理解しておくことが重要です。そのために実践しなければならないことは、ホームの見学とホーム長、施設長、さらには介護や看護職員との面談です。

しかも、何度も見学や面談をするべきです。中には、当該ホームにボランティアとしてかかわり、ホーム内のことを理解する努力をしている方もいます。介護職員、看護職員など、どのような人たちなのか？　この評価が一番重要になります。

もう一つの方法は、友の会のような会員組織に入会するというパターンがあります。これは予約ではなく、当該老人ホームのファンクラブに入会するというイメージです。一定の時間をかけて、入居予定の老人ホームのことを理解していくという行動になります。

そして、一番大切なことは、この2つの行動は、要介護状態になる前から準備をしなければならないという点です。つまり、老人ホームに親を捨てるという行為からは、この発想は生まれません。親と一緒に老人ホームのこと、介護のことを考えていく。この行為が重要なのです。

当たり前の話なので、言うまでもありませんが、念のため、言っておきます。このような労力を使って探すホームは、自身の予算に見合ったホームだということは当然の話です。現実的なレベルで考えていかなければなりません。

自分の家から近いという理由だけで選ぶのは問題あり

繰り返しになりますが、重要なことなので何度でも記しておきます。多くの現状を見ていればわかりますが、老人ホームは、入居者本人が自分の意思で入居を決めるというケースはほとんどありません。本人は、なんで自分が老人ホームに入らなければならないのか！と思っているからです。そして、多くのケースで老人ホームは、子世代が、邪魔になった親を捨てる場所なのです。「そんなことはない」と言って反論する方もいると思いますが、現象だけを冷静に見ていれば、そのような運用になっています。もちろん、中には、多少まともな考え方で親の老人ホーム入居を考えている子世代もいるとは思いますが、それは少数派です。

老人ホームを子世代が選ぶ時に、費用の次に重要なことが「地域」です。つまり、どこにするか？　ということです。多くの場合、親が住んでいる地元か子世代の都合の良い場所にある老人ホームが選ばれています。特に、子世代の都合の良い場所というと、自宅周辺か勤務先の周辺です。なお、少し触れておきますが、老人ホームなどの居住系の施設には、「地域密着型」というスキームがあります。これは、地元に住んでいない高齢者は入居できないという制度です。さらに言うと、物事には何でも「特例」というものがあり、老人ホームの場合も、「住所地特例」という制度があるため、地元でなければ何人《なんぴと》も入居することはできない、ということでもありません。まったく、わかりにくい制度です。

多くのケースでは、子世代の都合で場所が決まります。決定するのは子世代だからです。親のことを考えて、親の地元に決めるケースもありますが、多くのケースでは、自分の利便性を考えた場所になります。

介護業界では「引き寄せ」という言い方があります。これは、遠方にいる親を自分の家の近所の老人ホームに引き寄せるということを指します。一緒の家には住みたくない、しかし、遠いと行くのが面倒だし、コストもかかる。だから、スープの冷めない距離にある老人ホームに住まわせるということです。これによって、自分の都合で行きたい時に自由に気軽に行くことができるようになります。

親の状態によって、老人ホームを選ぶ場所は違う

実は、子世代が老人ホームの立地を選ぶ時、次のような理由で変わります。前述のように、親を自分の自宅近くに引き寄せるというケースの多くは、対象者である親が自立の場合です。ここで言う「自立」とは、頭のことを言います。つまり、認知症状ではないということになります。多少、手足が不自由であっても、目や耳が悪くても、頭さえしっかりしていれば、コミュニケーションを取ることはできます。したがって、自立の親の場合は、子世代は自分の手元に置くという傾向が強いと私は考えています。

なぜでしょうか？　多くのケースでは、コミュニケーションをお互いにしっかりと取ることができるため、お互いの考え方や方針を確認することができるからだと思っています。平たく言うと、お互いの今後の人生設計に対する話などもしっかりとすることができるため、近くのほうが便利であるということです。

しかし、重度の認知症などになってしまうと、コミュニケーションが取れません。それを言ったらお終《しま》いでしょ、という話になってしまいますが、コミュニケーションが取れな

い人と話をしていても、らちがあきません。だから、頻繁にホームに行く必要はないということになります。ということは、認知症などを理由にコミュニケーションが取れない親の場合、自分の近くに置く必要はない、という判断があっても不思議ではありません。

私が言っている「親を老人ホームに入れる」ということは、「親を捨てる」のと同じです、という話は、実はこの部分のことを言っています。コミュニケーションが取れなくなると、対象者としての必要性は次第に消滅していく、というのが現実的な話なのではないでしょうか？　画像が映らなくなったテレビ、音の出ないラジオは廃棄の対象です。最近の傾向では、まだまだ使えるテレビやラジオも、もっときれいな画像が見られるから、雑音が入らないからという理由で、買い替えが進んでいるといいます。不謹慎を承知の上で、この話を親子の間の話に置き換えるとするなら、「コミュニケーションが取れなくなると、目的が達成できないので、急に不要になってしまう」ということなのかもしれません。

このような理由で、多くの子世代は、親の状態に応じて、自分の家の近くで、または親の家の近くで、さらには、経費の安いところで、親の老人ホームを探し始めます。

この話は、子世代の話ではなく、夫婦の話です。奥さまが、要介護状態になったご主人を老人ホームに入居させました。ご主人は、脳疾患により、身体機能の一部がマヒをしています。しかし、頭はクリアです。クリアという言い方も介護業界独特の言い方ですが、要は正常な判断や意思表示ができる、ということです。

ホームの近くに住む奥さまは、毎日、決まった時間にご主人の様子を見に来ます。傍《はた》から見ると、とても献身的にご主人の面倒を見ているように見えます。しかし、この献身的な貢献は、実は、老人ホームの介護職員にとっては、至極迷惑なことになるのですが、それは後に記します。

入居から半年ぐらいたったある日から、ぱたっと奥さまがホームに来ることがなくなりました。ホームの生活相談員に確認すると、次のような回答が返ってきました。奥さまが、正式に法的効力のあるご主人の後見人に選出されたからです、と。つまり、ご主人の財産の管理を正式に奥さまがすることができるようになったから、ということのようでした。

企業経営者として成功をおさめたご主人には、多額の資産がありました。その資産の管理を奥さまが自由にできるように、法的な手続きをするべく、さまざまな話をご主人とホーム内でするために毎日のように来ていたのです。そういえば、頻繁に弁護士や銀行、証券会社などの専門家も奥さまと一緒に来ていたような気がします。そして、その目的を達成した後は、「よきに計《はか》らえ」という具合にホームにすべてを任せて、ご主人は放置状態になってしまいました。数カ月後、ご主人は入院先の病院で亡くなりました。まだ、75歳でした。後見人の手続きが済んだ後、奥さまがホームに来たのは、ご主人の荷物を処分するために業者と来たのが最初で最後でした。親子ではありませんが、夫婦でも同じ現象が起きているのだと思います。

余談ですが、ホームに毎日来る家族がなぜ、迷惑な存在なのかを記しておきます。この奥さまのケースで言うと、次の2点から迷惑な存在でした。

入居していたご主人は、脳疾患の影響で身体がマヒしています。したがって、日常生活は、全介助の状態、要介護5です。排泄、入浴、食事といった介護はフルスペックで対応します。そのようなご主人に対し、奥さまは毎日、いろいろな物を買ってはホームに持参しました。

特に、介護職員が頭を悩ませていたことは、重度の糖尿病も疾患として持っていたご主人は、主治医から食事制限を指示されていたことです。しかし、そんなことはおかまいなしの奥さまは、ご主人の好物だからと言って甘いお菓子をたくさん買ってきては、自分で食べさせてしまいます。そのたびに、介護職員は奥さまに注意やお願いをするのですが、介護職員の注意を受け入れるはずもなく、何を言っても聞き入れてくれません。主治医は、定期的に測定している血糖値やご主人を診《み》るたびに、看護師や介護職員に対し、しっかりと管理をしなければ、命の保証はできない、と叱責するありさまです。職員からすると迷惑な話です。

もう一つ、迷惑な話は、奥さまが、毎日、自分の存在感をご主人に示すために、介護職員に対し細かい注文を付けることです。それはまるで、時代劇の大名家の女中頭が下働きの女性をこき使うようなイメージです。窓枠を指先で撫《な》でて、「ほこりが残っている」というような指摘をします。そして二言目には、ご主人に聞こえるように、「お父さんは、脳疾患で身体が不自由だけれども、きれい好きなので、身の回りのことはしっかりやってほしい」と訴えます。職員としては、うんざりです。このようなケースは、けっして多くはありませんが、老人ホームで起きているひとコマではあります。

毎日、ホームに来る家族にも嫌われる家族と好かれる家族とがあります

毎日来る家族でも、介護職員に好かれる家族と嫌われる家族とがあります。私が老人ホームの選び方に関するセミナーをすると、次のような質問がよくあります。「先生、どのくらいの頻度でホームに行くことが、一番介護職員にとっていいのでしょうか?」。さらに、「親の面会でホームに行く時は、やはり、手土産を持参したほうがいいのでしょうか?」。この2つは多くの人から聞かれる話です。

私はこのような質問に対し、次のように回答をしています。

まず、手土産ですが、介護職員も人の子です。毎回とは言いませんが、たまには、持参したほうがいいと思います。ただし、持参したからといって、何か特別なことをしてくれるわけではありません。あくまでも、コミュニケーション手段の一環だと考えてください。

また、面会頻度の話をする場合、次のような話が理解を助けると思います。

これも、私が老人ホームで働いていた時の話です。毎日、朝8時になると、母親の面会

に息子さんがホームに来ます。面会時間はおよそ5分間です。この息子さんは、ある企業の社長さんで、運転手の運転する車で、会社に向かう前に必ず毎日、ホームに立ち寄ります。勝手知ったるなんとやらで、ホーム内に入り、勝手に母親の居室に行き、5分程度滞在して帰っていきます。介護職員も毎日の決まり事なので、特段、気に留めることもありません。会えばお互いに「おはようございます」と会釈を交《か》わす程度です。もちろん、この息子さんから、介護のことやホームのことについて、指摘を受けたことは一度たりともありません。いつも、同じルーティンを繰り返しているだけです。

入居している母親は、どのような状態なのかといえば、寝たきりで、意識もほとんどありません。目をつぶり、頭を左右に動かしながら、苦しそうな表情を見せますが、医師の話によると、本人は、特別、苦しいわけではないと言います。そんな母親に対し、息子さんは、5分程度、母親の手を握り、無言で、居室で過ごして帰ります。ただそれだけです。それ以上でも、それ以下でもありません。

当然、このような面会に対し、介護職員から苦情が来ることなどなく、ましてや「迷惑だ」などと言う介護職員は一人もいるはずがありません。むしろ「Aさんは幸せだ。毎日息子さんが面会に来てくれて」とか「母親思いの息子さんが経営している会社は、きっと立派な会社に違いない」などと、勝手に評論をする介護職員もたくさんいました。

つまり、ホームへの面会頻度は何回がいいのか、ではなく、何をしに行くのか？　が重要なのです。そして、ホーム内で少しでも自分の親を介護職員から大切に扱ってほしいと思うのであれば、自分が親をどれだけ大切にしているのかを口ではなく行動で示すべきなのです。Aさんの場合、毎日、たった5分間ですが、ホームでAさんが亡くなるその日まで、息子さんは出勤前にホームを訪れ、部屋で手をさすりながら一緒に過ごしていました。休みの日にもです。この息子さんの姿を毎日見てきた介護看護職員が、Aさんに対し、ぞんざいな対応をすると思いますか？　多くの介護職員が考えていたことは、息子さんの気持ちにどうすれば応えることができるのか、ということだけです。

原因は相手ではなく自分にある、ということです。もっと言うと、良いホームなのか、悪いホームなのかを判断する時に、人は、どうしても相手に原因があるとして、自身を正当化してしまいがちですが、常に、原因は自分にあると考えれば、良いホームに入居させるためには、自分自身が良い家族になることが早道だということがわかります。

多くの介護職員、看護職員にとっては、子世代が大切にしている親に対し、その親を大切にしないという理由はありません。したがって、自分の親を老人ホームで大切に扱ってほしいと考える子世代は、自分自身が親をどれだけ大切にしているのかを口ではなく、行動で示すべきなのです。このことに早く気がつくべきだと私は思います。

老人ホーム業界に身を置いていると、次のような会話をよく耳にします。それは「要介護3以上の生保はおいしいお客だ」という会話です。生保とは生活保護の略です。つまり、一定以上の要介護認定を取得している生活保護の高齢者は介護事業者にとって〝いいお客だ〟ということになります。その理由は、なぜだかわかりますか？　次のような介護事業者側の都合があるからです。

まず、生活保護の認定のある要介護高齢者は、原則、医療や介護の自己負担がありません。つまり、自己負担額のとりっぱぐれがない、ということです。けっして多くはありませんが、1割から2割の自己負担分を取りっぱぐれて収益が悪化する介護保険事業者もいます。弱者である高齢者に対し、早く支払ってくださいという催促もしづらいから、というのが理由ですが、中には、死亡して口座が凍結されているため支払うことができないといった高齢者独特の事由もあります。しかし、生活保護者には、この心配がありません。

そして何よりも、生活保護者には、親身になって相談に乗る家族がいないというメリットがあります。勘違いしないでください。デメリットではなくメリットです。行政がその役割を果たしているのですが、家族と同じ気持ちで対応するのでは？　と思う方もいると思います。もちろん、中には熱心な福祉マインドを持っている人もいるとは思いますが、全員がそうではありません。24時間365日、子供と同じような温度で仕事ができている人は皆無と言ってもいいのではないでしょうか。したがって、生活保護受給者のメリットは、「うるさいことを言う家族がいない」ということになります。介護職員からすると気が楽です。

このことを考えてみても、家族が老人ホームに面会に行く場合、重要なことは、頻度ではなく、ホームで何をするのか、なのです。

誤解のないように言っておきますが、ホーム側に不本意な介護をされている場合でも、我慢をするべきだ、と言っているわけではありません。そのような場合は、むしろ、議論をしても無駄なので、早くほかのホームに転ホームしたほうが良いと思います。転ホームのことは別の章で記しますが、転ホームは私の持論です。

ここで私が言っている「論」は、家族とホームの職員とのかかわり方についてです。「付かず離れず」。親密すぎてもダメです。しかし、放置でもダメなのです。

一番良い例は、先ほど紹介した5分の面会に毎日欠かさず来る息子さんです。無言で自分の考えを職員に伝えています。職員も、無言の意思表示を理解し、その期待に応えようとします。この面会を、あえて打算的な考え方で評価するとするなら、きわめて入居者側に有利に働いている作戦だといっても過言ではありません。

なんとなく理解できたでしょうか？　老人ホームの介護職員の多くは、家族の親の扱いを見て、自分たちがどう扱うべきなのかを決めているのです。当然、建て前としては全入居者に対し平等に扱うことは言うまでもありませんが、「心」を持つ「人」がかかわっている以上、平等であるわけがありません。

ホームのスペックや設備の豪華さと満足度は、関係がない

これから話すことは、比較的経済的に余裕のある方に対するお話です。したがって、「私は、経済的に余裕はない」という方は、読み飛ばしていただいてもかまいません。なぜなら、経済的に余裕のない方は「選ぶ」という行為そのものを選択することができないから

です。あなたは「このホームしか入れません」という話です。

老人ホームを選ぶ際、多くの方が老人ホームのスペックを気にします。さらに言うと、どのような立地にあり、どのような建物構造で、部屋の広さは何平米かを気にします。たしかに、これらのことは重要ですが、老人ホームを高齢者の居場所という視点で考えた場合、これよりも気にしなければならないことがほかにもあるということを理解してほしいと思います。

Aさんは大企業の元経営者でした。長女の勧めもあって、高級老人ホームに入居しました。数千万円の入居金を支払い、毎月の利用料金は大手企業の管理職の給料並みです。

当然、このホームでは、ほかの一般的なホームと比較すると介護職員の配置数もすこぶる多く、毎日、上げ膳据え膳の対応です。用事がある時は、ナースコールを押しますが、1分後には間違いなく介護職員が来てくれます。さすが、職員が多いホームです。挙げ句の果てには、呼んでもいないのに、介護職員がご機嫌うかがいに来るありさまです。「用がある時は呼ぶから、それまでは、一人で静かにしておいてほしい」と、ついつい声を荒らげてしまうケースもありました。

長女の気持ちは、「長年、仕事一筋で会社経営に取り組み、自分たち子供も何不自由なくというよりも、贅沢をさせてもらってきたという思いがあります。これからの余生は、お父さんは贅沢に暮らしてほしい」というものです。そして、さまざまな人から話を聞き、このホームの評判を聞きつけ、入居を勧めました。親孝行な子供たちです。

しかし、当の本人は、息苦しくてたまりません。たしかに、地位や名誉もあり、経済的にも数千万円のお金を預貯金から簡単に引き出すだけの財力がありますが、本人は贅沢な暮らしがしたいわけでも、高級な料理を毎日たらふく食べたいというわけでもありません。価値観は、いたって質素であり、自分のことは自分でやりたい人なのです。

長女の話によると、現役時代には、何度も、専属の運転手を先に帰らせて、自分で車を運転して帰ってくることがあったといいます。家族は、危ないから運転はしないでほしいと言いましたが、車は自分で運転をするものだと言っていたそうです。そのたびに、運転手から、自分の運転の仕方に問題があったのではないか？　と相談を受け、とりなすのが大変だったそうです。

老人ホームは「終の棲家?」。バカも休み休み言ってほしい

老人ホームは、終の棲家である、と言う人が多くいます。これも老人ホーム選びの大きな間違いです。

私が介護職員をしていたころは、家族がホームに見学に来た際、次の殺し文句で、たいていの家族は「よろしくお願いします」と頭を下げたものです。私が家族に言っていた言葉とは「どんな状態になっても、最後まで面倒を見ます。途中で〝出て行ってくれ〟とは絶対に言いません。だから私のホームにお任せください」です。この言葉を聞いた家族は、安心し、すべてを託してくれました。「よろしくお願いします」と。

そして、残念ですが、今も基本的には、この部分はまったく進化していないと思います。私は「最後まで投げ出しません。責任を持って面倒を見ます」というフレーズが、多くの家族の心に刺さることに対し、当時から違和感を持っていました。なぜなら、裏を返せば、途中で投げ出されて自宅に返されては家族は困るということだからです。

困った親を老人ホームに入れる家族。この構造は、今も昔もなんら変わっていません。

そして、それはいったいなぜなのでしょうか？　それは、入居者、つまり自身の親が、自分の生活にとって「厄介な存在」になっているからです。だから、途中でホームを追い出され、返ってきては困るという前提条件があるのです。「最後まで面倒を見てくれるホーム」。この響きが、子世代にとっては、とてつもなく頼もしく思えるのではないでしょうか。

さらに、この話を考える時は、次のことも頭に入れておく必要があります。それは、ホーム側にとっても〝せっかく獲得した入居者をそう簡単に手放すことはできない〟という経営事情です。そこで、頭の良い知恵者が次のようなことを考えました。「高齢者、特に認知症の高齢者にとって、生活環境の変化は大きな負担です。時には命取りにもなります。だから、生活の場所を転々としないほうが良いですよ」と。

家族は、「なるほど」となります。一度入居したら、死ぬまでそこにいたほうがいいんだ！　という気づきになります。実際、私もそのようなフレーズは、たくさんの相談者や家族に、かつては話し、説明もしてきました。そして、そのたびに、家族は「うん、うん」と頷き、納得していたものです。ある意味、介護業界の常識的な考え方だったと思います。

今にして思うと、家族は、私の言うこのフレーズで、自分の行動や気持ちに対し、折り合いをつけていたのだと思います。自分は、邪魔な存在になった親を老人ホームに入居させている。その自分の行動に対し、目の前にいる介護の専門職は、自分の背中を押してくれるどころか、自分のやっていることを正当化し、さらに正しいことだと言ってくれている。なんとありがたいことか。このまま、死ぬまでこの老人ホームで穏やかに生涯を終えてほしい、と。

しかし、今の私の考えは違います。私は、老人ホームを終の棲家にすることに反対です。今までの私が書いた書籍の中でも、このことは声を大にして言ってきていますが、私の考えは「転ホームの勧め」です。老人ホーム選びには、この「転ホーム」という概念が重要なのです。そして、この「転ホーム」こそが、本当の意味で「有料老人ホーム」を「優良老人ホーム」へと導くキーワードだと私は考えています。

よく考えてみてください。もし、あなたが病気になった場合、その病気によって、受診する診療所は変わります。よほど変わり者ではない限り、お腹が痛いと言って、整形外科には行きません。当たり前です。理由は何でしょうか。理由は、医療は専門分野に分かれているからです。医師免許は、診療科目ごとにあるわけではないため、医師の資格さえあれば、どのような患者でも診察することは可能です。しかし、人の身体は複雑系なので、その道を極め、日々勉強している専門医でなければ、わからないことが多いはずです。だから、専門以外は診ないという判断が、医師にはあります。これは、自身の能力と患者の利益を考えた場合、きわめて合理的な考え方だと思います。

介護も同じです。介護も相手が人間なので、実は複雑系です。医療と違うところは、治すことを期待されていないため、結果が問われないところです。だから、誰にでもできる、なんでもOK、ということになってしまいがちですが、実は介護もよく見てみると、認知症の高齢者介護が得意なホームとか、リハビリテーションが得意なホームとか、自立系の高齢者の見守り介護が得意なホームとかなど、多様に分かれています。

「何でもできます。私にお任せください」は、20年前の話であり、いまだにこのようなフレーズを平気で言う老人ホームは、信用してはダメだと思います。

なぜなら、なんでもできる老人ホーム、要はなんでもできる介護看護職員など、この世に存在しないからです。つまり嘘なのです。もし、老人ホームから「なんでもできます」と言われたら「嘘つき」だと疑うべきではないでしょうか?

老人ホームを組成している介護職員は、大別して自立系を得意とする職員と要介護系を得意とする職員とに分かれます。要介護系は認知症系、リハビリ系に分かれます。リハビリ系には身体介助が得意な職員が含まれます。さらに、稀ですが、レクリエーションが得意な職員が交じります。医療のように各分野に対する資格や勉強する組織（学会）が明確に存在していれば、わかりやすいのですが、多くは自己研鑽の世界なのでわかりにくいことになります。さらに、認知症などは多くの研修や資格がありますが、その研修や資格があるからといって、専門的なのかと問われれば、介護の場合、医療と違って突き詰めて考えた場合、たんに生活を支えているにすぎないため、究極的には、専門性よりも人柄、性質、といった個別性の高い情緒的なスキルのほうが重要になってしまいます。専門技能の優位性を、入居者やその家族に評価してもらうことは、なかなかできません。

第4章

転ホームの勧め

入ってすぐ死ぬ。こんなバカなことはない

多くの要介護系老人ホームの入居者は、入居後1年から2年以内に死亡します。誤解のないように言っておきますが、老人ホームの介護体制に問題があるというよりも、自宅で限界まで過ごし「もう無理」という状態になってから老人ホームに入居するケースが多いからです。ぎりぎりまで我慢しての引っ越しです。

したがって、このような入居者にとっては、老人ホームは死にに行く場所ということになってしまいます。

もちろん、この話は、経済的な話とリンクしています。多くの方は、長期間にわたり、老人ホームに入居するだけの経済的な体力がないため、いよいよ、となった場合にのみ、老人ホームを使うということになっています。「終の棲家」ではなく「最後の砦」です。

私は、この現象は、2025年から地域包括ケアシステムが本格的に始まれば、さらに、広がるのではと考えています。つまり、病院から「これ以上、医療的見地から治療をする方法はありません」とか、「治療をしても無理です」と言われた高齢者が、在宅となって

帰ってきますが、現実を考えた場合、在宅で看取りができる環境にいる高齢者は、それほど多くはないはずです。

ちなみに、重要なことなので記しておきますが、多くの在宅介護において、いわゆる困難事例、つまり、経済的に許されるのであれば、老人ホームなどに入居させたほうが良いと考えるケースは、高齢者が独居や老々世帯で、病気により今までの生活の継続が難しくなった場合で、なおかつ、子供たちからの支援が受けられない場合です。

平たく言うと、独居でも老々世帯でも、健康で自分のことが自分でできるうちは、問題はないはずです。

さらに、子世代と良好な関係を築き、子世代が積極的に親の介護に介入できる環境にある家族の場合、老人ホームへの入居依存度は低くなるはずです。なお、補足をすると、子世代と良好な関係を築けているケースの場合で、親が老人ホームに入居するパターンの多くは、親に経済的なゆとりがある場合が多いと思います。いわゆる「子供たちに迷惑をかけたくない」というパターンです。

現場から見た現実は、「介護の沙汰も金次第」。そして「介護の沙汰は子供次第」ということになります。

転ホームの前に考えておくべきこと

転ホームには例外があります。それは、富裕層の場合は、転ホームは不要だということです。

みなさんは、こんな話を聞いたことはありませんか？　高級老人ホームの創業者に「あなたは、なぜ、老人ホーム事業を始めたのですか？」と聞くと、回答はおおむね2つになります。1つ目は、自分の親を老人ホームに入れるために、いろいろな老人ホームを探したけれど、満足できる老人ホームがなかったため、自分で老人ホームをつくったという話、2つ目は、自分自身が入りたい老人ホームがないから自分でつくったという話です。

特に、自分が入りたいホームがない、という理由で老人ホーム事業に参入したケースでは、老人ホームに対する思い入れが強いため、理想的な老人ホームをつくってしまいます。しかし、この理想的な老人ホームは、多くの人にとっては、まったく現実的ではありません。

また、多くの富裕層は、老人ホームには入居しません。海外だけではなく日本でも、多くの本当の富裕層は、自宅に看護師や介護士を住み込ませ、親の介護看護に当たらせるのが普通です。もちろん、家屋に不便なことがあれば、自由に改修もします。数千万円の改修費など安いものなのでしょう。これが富裕層の「論」です。

したがって、自分が入居したい老人ホームをつくるという気持ちが、老人ホームの運営動機になっている場合、その老人ホームは高級老人ホームであるケースが多く、居室面積一つをとっても、平気で100平米とか200平米といった企画をします。そして、老人ホームというよりも、億ションと言われている高級マンションに近いものが出来上がります。そして、次のようなセリフをお約束事のように決まって言います。

なぜ、このような老人ホームをつくったのですか？「介護施設や病院みたいな老人ホームで、人生の最期を迎えることに抵抗があったからです。自宅と変わらない住環境の老人ホームで生活がしたい」。

私に言わせれば、だったら老人ホームではなく、自宅で生活をすればよいではないですか？　なぜ、老人ホームというカテゴリーにこだわる必要があるのでしょうか？　ということなのですが……。この場合は、自分と同じような考えや悩みを抱えている富裕層がいるはずだ。だから、自分だけではなく、ほかの人にもこの商品を展開したかったと、彼は説明します。

さらに、自宅で要介護者の介護をやるということに対し、または、自宅で人が死んでいくことに対し、なんらかの違和感を持っているということもあるようです。

多くの日本人は、「病院では死にたくない」とか、「死ぬのは畳の上で」と言っていますが、今や人が死ぬところは病院である、という価値観が根づいているので、自宅で要介護状態から死までを一貫して過ごすことに対し、違和感を持っているようです。

したがって、住環境が普通の住宅とおおむね同じで、そこに介護看護サービスを付帯させるには、老人ホームというカテゴリーがひじょうに都合がよいということになります。もちろん、完全なる自宅で介護看護支援サービスを受けるよりも、はるかに経済的で合理的に行うことができます。

本当の「終の棲家」を獲得するということは、ごく一部の富裕層だけの話です。または、家族、一族、ともに良好な人間関係が構築できている一部の家族だけの話です。このことに早く気がつくべきです。今の多くの老人ホーム入居者は、富裕層ではありません。今は、ごく普通の人が、さまざまな家族の事情で老人ホームを探し、そして入居しています。だから、これだけ多くの老人ホームが、日本社会に存在しているのです。

転ホームの勧め

私が考える転ホームの一例を記しておきます。多くのケースでは、子世代が親を老人ホームに入れる決断をするタイミングは、認知症による問題行動が動機になっているはずです。細かい話をすれば、親の排泄障害も老人ホームへの入居を考えるスイッチの一つです。しかし、逆に言うと、これ以外の理由で親の在宅生活に致命的に失望することは、それほど強くはないはずです。

したがって、認知症対応が得意なホームを探すということになるはずです。だからというわけではありませんが、多くの老人ホームは「認知症なら当ホームへ」という謳《うた》い文句がパンフレットに踊っています。したがって、それほど困らずに老人ホームを見つけ出すことができるはずです。そして、認知症で問題行動がある親が老人ホームに入居さえしてしまえば、家族にとって、また、平穏な日常が戻ってくるのです。

ちなみに、多くの認知症高齢者の場合、短ければ数カ月以内、長くても数年内には、問題行動は消失していきます。理由は、ＡＤＬが徐々に低下していくからです。ＡＤＬ（Activities of Dairy Living）とは、日常生活動作と訳されますが、簡単に言えば、日常生活を送るために必要な機能のことを言います。排泄や入浴、食事、着替えなどが代表的な日常動作に当たります。それまで、元気にホームの廊下を徘徊していた認知症入居者が、やがて、足腰が弱くなり、車いすでの生活が始まります。さらに、ＡＤＬが落ちていくと、ベッド上で過ごす時間が長くなります。多くの高齢者は、このプロセスを踏んで、徐々に寝たきり状態になっていくのです。

ここで考えなければならないことが「転ホーム」の必要性です。つまり、認知症対応が得意なホームが、ほかの介護支援も得意だということではありません。たとえば、医療的な対応が苦手なホームなどたくさんあります。リハビリについてまったく知識のない老人ホームもたくさんあります。このことを理解することができるでしょうか？

認知症は病気です。だったら「医療対応でしょう」と言う人がいると思いますが、たしかに、認知症を根治させる行為は医療行為ですが、多くの老人ホームは認知症を根治させることに取り組んではいません。取り組んでいるのは、認知症の高齢者を「預かる」という行為だけです。

この「預かる」という行為に対し、ほかのホームとの差別化を図るために、認知症対応と称して手を替え、品を替え、さまざまなメニューを用意しているのです。

こんな話があります。認知症になると、食べたことを忘れ、何度も食べてしまう過食が有名ですが、逆に、食べるという行為を忘れてしまうこともあります。平たく言うと、食べ物、水分を一切口にしなくなるという行動です。当然、放置すれば、死んでしまいます。多くのケースでは、病院に行き、点滴などで栄養や水分を補《おぎな》いながら、なんとか食事をしてもらう方法を考えます。このような場合、どのような医療機関を受診するとよいのでしょうか？　認知症は、精神科の領域です。しかし、食べる、食べないは、内科の領域です。さらに食べるという機能に着目すれば、歯科という領域も考えられます。

私は、以下のようなやり取りがあって苦労した経験があります。本人の強い意志で絶食を宣言していた認知症入居者を主治医の働く精神科の病院で受診させたところ「内科の先生がいないため、入院治療はできない」と言われ、それでは、ということで、今度は内科に強い病院で受診したところ、「医師とコミュニケーションがスムーズにとれない認知症高齢者を診ることはできない」と断わられ、家族とともに、途方に暮れたことがありました。

高齢の奥さまは、このままでは、主人が死んでしまうと嘆き悲しみ、大騒ぎをしていたことを思い出します。

結局、偶然、救命救急センター出身の派遣看護師がホームに勤務していたため、その看護師が、医師の指示があれば、私が点滴処置をやります、と申し出てくれ、嫌がる本人のことなど、まったくおかまいなしで、点滴処置をしました。本人も、最初こそ、力ずくで抵抗していましたが、この看護師が美人だったことも手伝い、しばらくすると、すべてを受け入れ、点滴が終了するまでの3時間程度は、看護師が見守る中、おとなしくベッドに横になって点滴治療を受けていました。今にして思えば、本当に、認知症が原因で絶食をしていたのかどうかも怪しいところですが。

認知症高齢者を得意とするホームは、問題行動に対する知見が高く、問題行動をさまざまな経験値でねじ伏せていくことができるホームです。しかし、医療的な処置が得意かと言われれば、けっして得意ではありません。では、リハビリ的な行為が得意なのかといえば、それも得意ではありません。

したがって、加齢や他の病状の悪化などにより問題行動が消失し、ADLが低下した高齢者に対する対応が得意であるというわけではないのです。また、ベッド上で一日の大半を過ごす入居者の対応が得意だ、ということでもありません。それはまた違うスキルの話です。

したがって、原因が認知症だろうとなんだろうと、常時、車いす上で生活することが決まった高齢者の場合、身体的に不自由な高齢者を得意とするホームを探すべきなのです。考え方からすると、リハビリテーションに力を入れているホームということになるのではないでしょうか?

元気な認知症高齢者が車いす生活になるケースの多くは、転倒による骨折が原因です。つまり、ケガにより足が不自由になります。ここで、重要なことは、本人は、足が悪くなったという状況認識がないため、利かない足で立ち上がって歩こうとするのです。これが、ふたたび転倒するリスクを高めます。再度転倒し、骨折、寝たきりへ、という流れです。

したがって、身体機能に関する専門家(いわゆるセラピストと呼ばれる理学療法士など)が配置されているホームに、転ホームをするという手間と時間をかけることが、私は、正しいホーム選びだと考えています。

そして、最後は寝たきりです。みなさんは、寝たきりになったらどうしますか? 私は、寝たきりになったら家族のもとに帰ればいいと思っています。何を馬鹿げたことを言っているのか！　と思われる方も多いと思いますが、寝たきりは、在宅で訪問介護などのスキームを利用すれば十分に対応が可能な状態です。

在宅介護で問題になるのは、寝たきりの状態ではなく、「看取り期」に入った場合の医療対応です。看取りも自宅で可能は可能ですが、家族にとっては、覚悟が必要です。もちろん、老人ホームに入居していても、家族は、覚悟と体力が必要なのですが、それでも老人ホームの場合は、常に近くに介護職員や看護職員などの専門職がいるため心強いはずです。当然、言わなくても、必要があればサポートをしてくれます。

しかし、在宅ではそうはいきません。もちろん、電話をかければ、介護支援者は来てくれますが、24時間のフルサポートは望めません。この状態で、仕事をしながら、子供の面倒を見ながら、親の看取りをすることは、並大抵の覚悟ではできません。

私の経験で言うと、在宅での看取りでは、その家族、一族での今までの関係性が重要になってくると考えています。仲が良い家族の場合、兄弟間で連携をし、お互いのことを思いやりながら協力することができます。さらに言うと、そこにも、経済力が重要な要素になっています。

平日は近くにいる長女が面倒を見ますが、週末になると、長男が東京から新幹線で面倒を見るために来ますといった話は、よく聞きます。しかし、新幹線代も毎週であれば馬鹿になりません。遠くにいる長男が近くで面倒を見ている次男に経済的な支援をすることで、お互いの役割を果たし、平等性を維持していくことも重要な行為ではないでしょうか?

話を転ホームに戻します。以上のような課題は残りますが、私は次のような流れがベストだと考えています。

認知症状の悪化によって問題行動が発生し、自分たちの生活が脅かされてきた→認知症状への対応が得意なホームに入居→ADLの低下(身体機能の衰え)により認知症状による問題行動の消失→QOL(Quality of Life)向上が得意なホームに転ホーム→寝たきり状態→自宅へ。というような流れになると思います。

または、寝たきりの状態から看取り期に入った場合、自宅からあらためて老人ホームへ転ホームするという流れもあると思います。

老人ホームに、一度入居したらそれで終了、という発想は、親を捨てているのと同じです。私は、現象を見ていると、老人ホームはゴミの処分場と同じであると言わざるをえません。あちらこちらのセミナーや書籍、コラムで繰り返し言っていることですが、その根拠の一つが、実はここにあります。「一度入れたら、死ぬまで放置」という現象です。

もし、親はゴミではない、と言うのであれば、ぜひ、親の状態に合わせて、最も適切なホームを探すという行為をしてほしいと思います。今は、私が介護職員をしていた時と比較しても、入居一時金の不要なホームがたくさんあります。つまり、転ホームをすることに、躊躇《ちゅうちょ》する環境は、かなり改善されているはずです。

洋服は、毎年買い替える人がたくさんいます。サイズが合わなくなれば、着ることができなくなるため、買い替えざるをえません。家だって、家族構成が変わったり、収入が増えたり減ったりすれば、買い替えたり、建て替えたり、引っ越したりします。

なぜ、親の老人ホームは、それをしないのでしょうか？「面倒だから」。もしそう考えているのであれば、考えを変えて、親孝行をしてください、と言いたいです。そのためには、少しだけ自分の時間を使って、老人ホームのことを考えたり、勉強してほしいと思います。

高齢期の引っ越しはリスクなのか？

もし、高齢期の環境変化は親の健康に悪影響をもたらすから、と思っていらっしゃるなら、それは少し早計だと私は考えます。人は環境変化に対し、慣れることができます。認知症状の高齢者が、環境変化に対応することが難しいのは、認知症状は、ものをそっくりそのまま忘れてしまうということだけではなく、物事に対する対応能力が失われていくからです。つまり、環境の変化をスムーズに受け入れることができない、からです。

私は現場を見てきて、次のように考えています。認知症の有無《うむ》にかかわらず、高齢者は環境変化に対する対応力は低いと思います。もっと言うと、高齢者ではなくても、環境変化を苦手としている人はたくさんいます。むしろ、環境変化になんとも思わない人のほうが少数派ではないでしょうか？　まず、このことを指摘しておきます。

たしかに他の高齢者と比較すれば、認知症状のある高齢者は、環境変化に対する対応力はありません。慣れることに、かなりの時間を要します。「老人ホームあるある」ですが、食事の時、いつも自分が座っているテーブルにほかの人が座っていると、急に、おかしな行動をとる高齢者はたくさんいます。だから、多くの老人ホームでは、どこのテーブルに誰が座るのかを決めています。よく見ると、テーブルに個人情報が記されたものが置いてあります。もちろん、老人ホームによっては、氏名だったり、居室の番号だったり、さまざまです。

私は、どのような認知症の高齢者でも「慣れる」「順応する」という学習は、可能だと考えています。つまり、時間はかかりますが、現状を受け入れることはできるはずだと思っています。もっと言いますと、こういった話は、多くの場合、ホーム側の身勝手な言い分、ホーム側の都合を正当化しているような気がしてなりません。

認知症高齢者は、めんどくさいから放置でよい。常に、毎日、同じことを繰り返していれば、穏やかに過ごすことができるので、余計なことを考えたり、イレギュラーなことは極力しないようにしたほうが介護は楽だという理屈です。しかし、この論により、刺激がなくなり、生きていく息吹が失われていくような気がしてなりません。

私は性質上、好奇心が人より多いようで、認知症高齢者に対し、よく「余計なこと」をしていました。理由は「なんだろう」「なぜかしら」という気持ちが頭をもたげてくるからです。すると、何もしないということではいられなくなります。

介護職員だったころ、認知症入居者のBさんは、3階フロアにある居室から1階にある食堂までの100mぐらいの道のりを毎回1時間以上かけて移動していました。別に、足が不自由なわけではありません。行ったり来たりしながら、食堂に向かうため、時間がかかるのです。おおむねこのような行動です。エレベーターの前に来ると、忘れ物をしたとか言って、居室に戻ってしまいます。そして、また、食事の時間だからと言うと、食堂に向かって歩き始めます。これを毎回、食事のたびに何回も繰り返しています。もちろん、介護職員にとって、3度の食事は、大仕事なので、Bさんにつきっきりでいることはできません。時間を見計らって、そろそろエレベーターに乗って降りてくるころだという時間に1階のエレベーター前で待ち構え、そのまま食堂に連れていくのが、いつものお決まりのパターンでした。

たまに、Bさんのカンファレンスが開かれると介護職員からBさん対策として各種の提案がなされます。しまいには、面倒だから、終日1階フロアにいてもらったらどうだろうか、というような乱暴な提案も出てくるありさまです。

私は、Bさんに対し次のようないたずらを試みたことがあります。なぜ、Bさんは、食堂に行く、食堂に行かない、という気持ちが約1時間程度、毎回繰り返し出現するのだろうか？　決まって、エレベーターの前に来ると、気持ちが切り替わり、部屋に戻っていってしまいます。しかし、面白いもので、一定の回数を繰り返した後は、必ずエレベーターに乗って、食堂に向かいます。この気持ちの出現に興味を持った私は、Bさんの通る廊下で、死んだ人のふりをしたことがあります。Bさんにわかるように、目が合ったことを確認すると、胸を押さえ、「苦しい」と叫びながら、廊下の隅に倒れます。そして、Bさんが通るのを待ちます。Bさんは、いつものように食事の時間だから食堂に行かなければと、独《ひと》り言《ごと》を言いながら、杖をついてエレベーターに向かって廊下を歩きます。当然、倒れている私の姿が視界に入ってきます。

Bさんは次のような行動をとりました。無言で持っていた杖で私の身体を突っつきます。まるで、時代劇でお侍さんが死亡した人を刀の鞘でひっくり返しているイメージです。私は死んでいる人のふりをしなければならないため、じっと我慢です。しかし、次の瞬間、飽きてしまったのか、何事もなかったかのように、エレベーターに向かって歩き出していきました。そして、いつものようにエレベーター前まで来ると、体を方向転換して自室に戻っていきます。そして、私の前を通り過ぎていきます。

その時は、完全無視でした。私は、起き上がって「Bさん」と声をかけます。Bさんは満面の笑みで私に「あなた、そんなところで寝ていてはだめですよ」と話しかけてきます。そして、自室に帰ろうとします。私が、「Bさん食事の時間ですよ」と言うと、笑顔でうなずきながら、また、エレベーターに向かって歩き出す始末です。終始、Bさんは、上機嫌で廊下を行ったり来たりしていました。このいたずらでわかったことは、Bさんは、私が毎日顔を合わせている介護職員であるという認識はなかったということです。

人が廊下に倒れているという認識はありましたが、なぜ、廊下に人が倒れているのだろう、おかしいな、何とかしなければならないのではないか、という気持ちにはならなかったようです、

認知症の高齢者の多くは、自分勝手です。というよりも、傍から見ていると、自分勝手に見えます。自分さえよければよい、周囲のことなどまったくおかまいなしです。少なくともそう見えます。

しかし、この間のBさんは、表面上は実に楽しそうでした。次の瞬間には忘れていると思いますが、この瞬間だけは、私とコミュニケーションが取れていたと思います。

話がまたそれてしまいました。「転ホームの勧め」です。多くのホームは、認知症高齢者に照準を定めているため、問題行動が消失した場合は、転ホームをするべきなのです。入

居者の状況変化により、不適切になったホームに我慢しているよりも、適切なホームに移っていく転ホームをすることのほうが総合的に考えた場合、良いことが多いと思っています。

ただそれだけです。そして、そのことに対し、子世代が自分の時間を多少使うことは、大きな負担にはならないと考えています。どうぞ、一度老人ホームに入れたら、そのまま入れっぱなしの放置ではなく、数回の引っ越しをするべきだと思っていますが、いかがでしょうか？

「転ホーム」がいかに重要であるかを説明します

親の状態変化に合わせてホームを住み替えること。これが転ホームです。しかし「あなたは、この本の中で、老人ホームの入居者の平均滞在期間は1～2年だと言ったじゃないですか？　1～2年で何度も転ホームをすることは、経済的に見ても不経済ではないのですか？」という声が聞こえてきます。さらに、「ぎりぎりまで待って、老人ホームに入居をしている場合、死に向かって衰《おとろ》えていく高齢者をあちこちの老人ホームに引きずりまわすことは本当に良いことなのだろうか？」という疑問が湧いてくる方もいるのではないでしょうか？

私は、次のように考えています。転ホームの原理原則は、入居者の身体状況に対し、得意なホームを選んで実施すること。したがって、経年変化や病状の悪化などで、明らかに、入居時と比較し、身体状況が変化している場合は、その対応に得意なホームに転ホームをすること。ここは、ぶれないでいいと考えています。

また、経済的な話で言うと、入居一時金といって、入居時に多額の一時金を預け入れるようなホームも、一部の高級ホームに限って言えば、まだありますが、一般的な老人ホームの場合、入居一時金という制度は、無くなっていく傾向にあります。したがって、ホーム探しの選択肢の中から、入居一時金の無いホームを選択するようにすればよいだけです。これにより、経済的な話は、引っ越し費用だけです。

ちなみに、この引っ越し費用も、20平米程度のスペースに入るだけの荷物しかないため、特別な経費がかかることはないと考えています。老人ホーム入居者は、実は、今はやりのミニマリストだったということです。したがって、経済的な話は考える必要はないと思っています。

次に、衰弱している高齢者を、あちらこちらのホームに連れまわす、ということについてですが、これは少し、考えなくてはならないことだと思います。つまり、何がなんでも転ホームということではなく、状況を見極めるということが重要になってきます。

たとえば、当該ホーム側と良好な人間関係が構築できている場合は、無理な転ホームをする必要はありません。最後まで、当該ホームに託す、ということも重要です。たとえ介護看護能力が足りなくても、老人ホームは医療機関ではないため、知識や技術のほかに「居心地」というものが重要になってくるからです。

考えてみてください。医療の場合、仏頂面《ぶっちょうづら》で感じは悪いがスキルの高い医師と、いつもニコニコと感じは良いが、スキルが低い医師とでは、どちらに治療をしてもらいたいでしょうか？　また、介護ではどうですか？　介護スキルは高いが感じの悪い介護職員と、介護スキルは、おぼつかないが、いつもニコニコして感じが良い介護職員とでどちらに介護支援をしてほしいでしょうか？　ということです。

したがって、入居している老人ホーム側と良好な人間関係が構築できているという場合は、入居者の身体の状態を考えながら、転ホームを見合わせる、という判断もありということなのです。

しかし、いかなる事情があろうとも、入居している老人ホームと良好な人間関係を構築することができなければ、即「転ホームをする」ということが重要です。我慢しながら嫌な老人ホームに入居し続けるのは、親をゴミの処分場に捨てるのと同じです。

この部分の手間を惜《お》しんでいると、老人ホーム側の手の内にはまるだけの話です。老人ホーム側も、一度入居した入居者は、相当のことがなければ「引っ越しはしない」と高をくくっているので、真剣に介護支援サービスの質を追求していく気が湧いてきません。これが現実の話です。

最後に、転ホームについて次のことを記しておきます。

元気な高齢者が、万が一に備えて、介護付きの老人ホームで我慢しながら生活をしているケースがあります。今はなんともないが、いずれ要介護状態になった時に面倒を見てもらおうという作戦です。しかし、私はこれを「よし」とは思えません。むしろ、速やかにやめるべきだと考えています。自宅でも、サ高住でも、住宅型でもなんでもいいのですが、元気な高齢者が生活をする場所というものがあります。万一のため、念のため、将来のためという理由で、介護付きの老人ホームに入居している必要はありません。

そして、もし、そのホームに必要以上に高い費用を支払っているとすれば、その費用を別のことに使うべきです。老人ホームは、多くの入居者にとってオーバースペックになっていると考えてください。そして、使いもしないそのサービスや利用もしないサービスに対し、余計な支出をしているということを理解するべきです。

さらに、多くの入居者が入居後、常に退去の可能性があれば、老人ホーム側も緊張感が出てきます。一度入居してしまえば、よほどのことがない限り、退去などしない、と高をくくっているので、介護サービスの質は上がりません。国が介護サービスの質を上げるために、介護保険法などのルールを変えることよりも、サービスが悪ければ、私はいつでも出ていきますよ、という雰囲気が蔓延しているほうが、サービスの質は上がるはずです。

首都圏に限って言えば、今の時代、老人ホームは多すぎます。余っています。ひと昔前とはまったく事情が違います。一部の人を除き、老人ホームを選ぶ時の選択肢は、たくさんあります。したがって、必要なサービスを必要な時に、必要なだけ求めるということ。これが、これからの老人ホーム選びには重要だということになります。

そしてそのためには、多少勉強をしなければならないということにもなります。私の言う、転ホームの勧めの重要性は、実はここにあるのです。

都会の老人ホームの料金が高いのは、土地代のせい？

多くの老人ホームの場合、運営費の50％以上は介護看護職員に対する人件費です。したがって、料金の高い老人ホームは、介護看護職員数が多い、と考えてください。もちろん、東京都心の一等地と地方にある老人ホームの料金差の中には、不動産価格の違いがあることは言うまでもありません。1坪何百万円の場所と、数万円の場所とでは、料金は違います。これは老人ホーム業界に限った話ではありません。常識の話です。

本書は老人ホームに関する専門書なので、当然、老人ホームならではの話に照準を定めていかなければなりません。したがって、都会の老人ホームの料金はなぜ高いのか、について、老人ホームならではの事情を踏まえて説明をしていきます。

右で申し上げた通り、介護看護職員の人件費が料金設定時の一番の問題です。特に最近では、人材派遣企業からの紹介で介護看護職員を採用しているケースが多いため、人件費というランニングコストだけではなく、採用経費というイニシャルコストも増えています。中には、自前で介護や看護の専門学校などを開設し、学生時代から職員を囲い込む企業も増えてきましたが、昔のようにお礼奉公をしてもらうということが、人道的な視点で現代では「良し」とされていないため、なかなか思惑通りにはいっていないようです。

こう言うと、都会だけではなく、地方だって人材の獲得にはコストがかかっていますよ、という声が聞こえてきます。たしかに、地方の老人ホームとて介護看護職員の獲得は容易ではありません。しかし、経費のかかり具合を確認すると、やはり、首都圏は地方の比ではないと思います。

さらに、介護職員の賃金が上昇していることも収益を圧迫し、料金を上げている要因です。国は、その対策として、企業に対し介護職員に対する処遇改善加算という介護保険報酬を新設し、企業に代わり介護職員の賃金の肩代わりをしています。さらに、少人数で介護支援ができるようにと、ＩＴやＡＩを駆使したデジタル化を進めています。そのうち、介護ロボットによる介護支援が、現実のモノとなる時が来るのではないでしょうか？

いずれにしても、多くの老人ホームのメインコストは人件費です。繰り返しになりますが、老人ホームの売り上げ全体の50％から60％を占めます。さらに言うと、介護看護職員の質が悪い老人ホームは、必要以上に多くの介護看護職員が必要なため、この割合は当然、増加します。売り上げの70％を占めるような老人ホームもありますが、そのような老人ホームは存続すること自体が難しいと思います。

少し一緒に考えていきましょう。仮に、売り上げの55％が人件費だとします。次に大きな費用は不動産費です。これを売り上げの10％とします。さらに、給食委託費や水道光熱費などの運営に必要なコストが売り上げの10％かかるとすると、ここまでのコストは75％です。したがって、残りの25％が粗利益ということになります。当然、これ以外にも細かいコストがかかるため、最終的な利益は10％程度ではないでしょうか。先ほどから言っている人材の獲得経費などは、当然、25％の粗利益から支払われるはずです。

このように記すと、老人ホームビジネスって意外と儲かるのでは？　と思われる方も多いと思います。しかし、現実はこうはいきません。少し、理解をしてもらうために詳しく説明していきます。

そもそも老人ホームの売り上げですが、その多くは介護保険報酬に左右されています。乱暴な言い方をすれば、要介護1の入居者と要介護5の入居者とでは、そもそも、老人ホームが獲得できる介護保険報酬自体が違います。この違いは3倍程度の開きがあります。つまり、要介護1の入居者よりも要介護5の入居者のほうが3倍程度、国と個人から受け取れる介護保険報酬が多いということです。

だったら要介護5の入居者をたくさん集めて入居させれば儲かりますね、ということになりますが、計算上は、まったくその通りです。したがって、多くの老人ホームの場合、最終的な入居相談時に、1部屋の募集に対し3名の入居希望者が出現している場合、この要介護度を評価し、高い報酬を見込める入居者を優先して選んでいるはずです。建て前や言い分はいろいろあると思いますが、経済合理性を考えた場合、多くはこの論になるはずです。

しかし、現実は、そううまくはいきません。なぜなら、たくさん介護保険報酬を運んでくれる入居者の多くは、特殊な事情を抱えているケースが多く、その対応ができるか、できないかという問題が生じるからです。そして、それに対応するためには、もう一人職員が必要だということになった場合、人件費のほうが高くついてしまいます。

一例を記していきます。たとえば、胃ろうの要介護5の入居者がいるとします。次々に、胃ろうの要介護5の入居者を受け入れれば、たくさんの介護保険報酬を獲得することが可能です。しかし、胃ろうの入居者には、それ相応の対応も必要になってきます。つまり、胃ろう開始前後の具体的な管理です。胃ろうは、食事の一環なので、多くのケースでは、一般的に食事をする時間とされる時間帯に始めます。つまり、同じ時間帯に胃ろうを流すことになるのです。

考えてみてください。介護職員の人数が足りないので、あなたの朝食は6時から、あなたは7時から、あなたは8時から、というようにしていると、しまいには、この食事は朝食なのか昼食なのかがわからなくなります。

したがって、多くの老人ホームでは朝食は8時から、昼食は12時からというように決まっているはずです。胃ろうも同じです。多くの老人ホームの場合、胃ろう対応可能定員が決まっているのが普通です。ニーズに合わせて胃ろうを受けていくと、どこかのタイミングで看護師など職員の手が足りなくなるからです。

しかし、永久に胃ろうの入居者がいるわけではなく、多くのケースでは、一定の期間で亡くなってしまいます。その時に、看護師に対し、胃ろうの入居者が少なくなったので、あなたは必要ありません、辞めていただいてけっこうです。とはいきません。アメリカならともかく、日本では文化的にも難しい話です。

つまり、老人ホーム運営とは、単純に多額の介護保険報酬を盲目的に求めていけばよいというものではなく、入居者の状態、そこから得られる介護保険報酬、そして対応可能な介護看護職員の採用という3つのバランスを考えて経営することが重要になってくるのです。

医療と介護の関係を、もっと真剣に考えるべき

老人ホームの選び方について説明する場合、多くの人が勘違いしていることがあります。それが医療です。多くの人は、医療が付いていると得した気分になったり、高評価になったりします。しかし、はたして本当にそうなのでしょうか？　よく考えてみてほしいと思います。

次のようなケースで話を進めていきます。老人ホーム業界の中では、24時間看護師常駐ホームだから安心、というキャッチフレーズが飛び交います。もっと言うと、「入居者が集

まらなければ、24ナース（終日ナース対応可能）のホームにすれば、入居者は簡単に集まります！」と言っている老人ホーム関係者も、実に多く存在しています。私は、この現象を見るにつけ、この国は「医療に対する信仰心」が根強く国民の深層に入り込んでいると思います。「信仰心」なので、そこには、経済的な理屈はありません。

よく調べてみてください。24時間看護師常駐と謳《うた》っているホームと、そうでないホームとの金額の違いを。おおむね、毎月の利用料金は5万円程度違うと思います。もちろん、24時間看護師常駐ホームのほうが「高い」ということは言うまでもありません。そしてその高い費用は、看護師の雇用採用コストです。

私が、自身のセミナーで説明することは次のような話です。なぜ、みなさんは24時間看護師が常駐しているホームがいいのですか？　と。すると次のような声が聞こえてきます。「だって先生、いざという時に看護師さんがいるホームと介護士さんしかいないホームでは、対応がだいぶ違うじゃないですか」と。私は続けます。「いざという時とは、いったいどういう時ですか？」。「いざという時とは、たとえば夜中に具合が悪くなった時です」と答えが返ってきます。たしかに、夜中に具合が悪くなった時、医療の専門家である看護師がいるのといないのとでは、差があるのはその通りだと思います。だとするなら、この話は、看護師が常駐しているかどうかではなく、常駐している看護師はどのような能力を持っている看護師なのかということが重要になってきます。

しかし、多くの人は、この部分は無視しています。盲目的に、看護師がいれば安心と言っているだけなのです。実に馬鹿げた話です。私の経験で言わせていただくと、夜間帯、入居者が急変し切羽詰まった状態の時に、役に立ったと感じる看護師は、常勤で常日ごろから入居者を看《み》ている責任感のある看護師だけです。例外的に、救命救急を経験している看護師も役に立ちました。これが私の正直な実感です。

多くの24時間看護師常駐ホームでは、次のような現象がまかり通っているはずです。

それは、派遣看護師ばかりだということです。老人ホームの場合、昼間帯は常勤の看護師が配置されていることが多いのですが、夜勤帯はというと、そうはいきません。つまり、夜勤帯の看護師の多くは派遣看護師なのです。しかも、私が問題だと思っているのは、日替わりの派遣看護師のケースです。ここは大問題だと思っています。

私は、こんなケースを何度も目撃したことがあります。夜間帯、急に具合の悪い入居者が出現しました。介護職員は、速やかに夜勤看護師に伝え、対応を依頼しましたが、その看護師は、こともあろうに、ほかの介護職員にどうすればよいかと聞くありさまでした。理由を尋ねると、自分は今日だけの派遣看護師なので、当該入居者の普段の状態がまったくわからない、と。したがって、何をどうすればよいのかもわからないので、普段から面倒を見ている介護職員から意見を聞きたい、というものでした。

また、このようなケースもありました。急変時、看護師に対応を依頼したところ「看護師資格はあるが、近所のクリニックでしか勤務したことがないので、どうしてよいかわからない」。

老人ホームの現場を見ていると、こんなことは日常茶飯事です。つまり、いくら看護師の資格があったとしても、実務経験がない看護師はたくさんいるということです。しかも、多くの24時間看護師常駐を標榜《ひょうぼう》している老人ホームの中には、このような派遣看護師で運営をしているホームもたくさんあるということです。

私の経験で言うなら、実務経験が乏《とぼ》しい看護師よりも、ベテランの介護職員のほうが、老人ホームの緊急事態の場合は、大いに役に立つと思います。

私は、このような経験から入居相談者に対し、次のような話をすることにしています。医療に対する信仰心を捨てなさい、とは言いません。しかし、医療に対する信仰心があるのであれば、次の話をよく聞いてください、と。「夜間時に母親が急変したら大変です。

だから看護師が夜間にいると安心です」というケースの場合、多くの老人ホームでは、夜間帯に入居者が急変した場合は、救急車を呼んで病院に行きますよ。たんに、看護師資格があるだけの者がいるだけでは、何もできません。したがって、このテーマで考えた場合、費用対効果はゼロに等しいので、普通の老人ホームで十分です。費用が安くなった分、毎月、おいしい食事に、おじいちゃんを連れて出かけたほうが良いのではないですか、と。

次に、私が考える老人ホームの医療体制について、整理しておきたいと思います。なお、誤解があるといけないので記しておきますが、老人ホームにとって、医療体制は、けっして軽視するべきものではありません。重要なものです。しかし、老人ホームの場合、医療体制を整備すること自体が至難の業《わざ》なのです。したがって、医療機関と同じであると考えることは危険です。さらに、多くの要介護高齢者にとって、高度な医療体制の保持が本当に必要なのかということも、実は疑問です。

まず、医療従事者は医療機関で働くのが普通です。したがって、介護施設では働きません。これが一般的な話です。ちなみに、医療機関よりも介護施設のほうが、一般的には賃金も低いはずです。この点からも、介護施設や介護現場で医療従事者が喜んで働くということは、ケースとしては少ないと考えるべきなのです。

平たく言うと、能力の高い医療従事者が介護施設で医療という仕事をすることはレアケースだと、考えるべきだと思います。私の現場経験で言うと、多くの介護業界で仕事をしている医療従事者は、最前線の医療機関を何らかの理由でリタイヤした人たちだと思います。医療従事者ではありますが、医療機関と同じ能力、実力を求めてはダメということをまず認識しておくべきです。

したがって、急に具合が悪くなった場合、医療処置を求めるのであれば、医療機関で受診するしかないということになります。老人ホームの場合は、いざという時は、近隣のかかりつけの病院に搬送するという判断になります。

24時間365日、看護師が常駐している必要性は、一部の特殊な事情を抱えている入居者以外は、きわめて低い、ということになります。

もし、入居者が、24時間、常時、医療処置をしなければならない状態でないのであれば、割高の24時間看護師常駐ホームに入居する必要はありません。昼間だけ看護師が常駐しているホームで十分です。24時間の看護師配置は、オーバースペックになっているだけです。たとえるなら、1年に1回程度しか高級レストランや高級ホテルを利用しないにもかかわらず、高額な年会費が必要なプラチナカードを持っているようなものだと思います。

そうはいっても、どうしても医療に対し信仰心の強い方は、24時間看護師配置のホームに対し、入居前に次のことは必ず確認してください。

まず、夜間に配置されている看護師は、派遣看護師かどうか？　です。もし、派遣看護師であるという場合は、次のことも確認してください。派遣でもいいですが、毎日、同じ看護師が派遣されてくるのか、日替わりで違う看護師が派遣されてくるのか、をです。

毎日、同じ看護師が派遣されているという勤務形態であれば、救いようがありますが、日替わりで、毎日誰が来るのかもわからない、というケースの場合は、その看護師は、ほぼ、機能しないと判断しなければなりません。ちなみに、毎日、夜勤帯は日替わり派遣が来るような老人ホームは、24時間ナース配置ホームとして、基準さえ満たしていればよいという考え方のホームだと考えます。

前にも記しましたが、看護師の場合、医師が常駐していない介護施設で看護師としての力を十分に発揮するには、実は、かなりの医療スキルや経験を求められるわけですが、現実はその逆になっています。したがって、老人ホームに対し医療行為能力を期待する方は、配置されている看護師の質、どのような雇用形態の看護師なのかは必ず確認するようにしてください。常勤看護師（正社員）で、日勤帯も夜勤帯もどちらも勤務している看護師というのが必要条件です。

さらに、協力医療機関のことも確認する必要があります。

先に私の結論を言います。どのような立派な経歴のある医師よりも、老人ホームの近くに居住し、いざという時は、夜間だろうとなんだろうと、ホームに飛んできてくれる医師が、老人ホームの医師としては一番有益です。したがって、老人ホームに対し、協力医療機関の医師がどこに住んでいるのか？　夜間でも何かあれば来てくれるのか？　をぜひご確認ください。有名大学の卒業だとか、有名病院に勤務していたとか、難しい手術を成功させたとか、医療界で重要視されていそうなことは、高齢者介護では不要です。高齢者介護の世界では、「すぐに」「気軽に」対応してくれる医師が優秀な医師、なのです。

参考までに、私が実際に経験し、見聞きした医師とのやり取りについて記しておきます。

「老人ホームあるある」です。

夜間帯に入居者の急変があり、協力医療機関の医師に連絡をしたところ「今、何時だと思っているのか！」と叱責され、「明日かけ直せ」と言われたことがあります。

また、それに近い話として、何度電話してもつながらない、ということも、たくさんあります。いざという時は携帯電話に連絡をと言われ、携帯電話に連絡すると、留守番電話になるとか、電源が入っていないとか。日常茶飯事でした。誤解のないように言っておきますが、これらの医師は24時間対応することを入居者と約し、その対価としての報酬を得ている立場の医師の話です。

また、次のようなケースも多々ありました。夜間に急変が起こり連絡をすると、「救急車を呼んで病院に行きなさい」という指示しか出さないというパターンです。これはこれでかまわないのですが、重要なことはこの先です。普通、良識のある医師であれば、救急搬送先の医師に対し、診療情報提供書を作成してくれます。平たく言うと、紹介状のようなものです。医師同士で、この方はこのような既往歴があり、日常的にこのような薬を飲んで経過観察をしています。今回、このような状態になった原因は〇〇ということも考えられるので、診察をよろしくお願いします、というものです。

しかし、私が見てきた多くのケースでは、夜間、医師がこのような書類を書いて渡してくれるケースはなく、多くは、介護職員や看護職員が、今までの介護医療記録を持参し、救急車に乗り込み、搬送先の病院へ向かいます。そこで、病院の医師から「ホームの主治医からの診療情報提供書がないんだけど、お宅の老人ホームはいったいどうなっているの！」と怒られたり、文句を言われたりすることも多々ありました。

もうおわかりですね。医療従事者がいても、いざという時に、動いてくれない医療従事者は、役に立たないということが。

なお、このあたりのことをよくわきまえていて、商売のうまい協力医療機関もあります。ある老人ホームの医療機関は、近所の病院と条件交渉し、無条件で夜間の救急搬送を受けさせていました。老人ホームの介護の立場からすると、入居者が急変した場合、救急車を呼びますが、その時、受け入れ先はZ病院に決まっています、と言えるかどうかは、かなり重要な要素になります。老人ホームの多くのケースでは、救急車がホームに来た後、受け入れ先病院を探し、受け入れが決まるまでに数時間を要するなど、珍しいことではありません。私も何度も経験しましたが、救急隊、介護職員とで手分けをして、病院に電話をかけまくり、受け入れ先病院を探すということは、半《なか》ば老人ホームでは当たり前の光景です。

その昔、100歳の入居者の夜間帯での急変対応をした時には、救急隊と手分けして病院に電話をかけまくり、3時間ぐらいかかって、やっと受け入れ先病院を探すことができました。運よく、手遅れにならずに済みましたが……。

その時に言われた断わり文句は「100歳の高齢者はうちでは対応できません」とか、

「認知症の高齢者の受け入れはできません」とかというものでした。もちろん、多くの病院では宿直の医師しかいないことも多く、当然専門外の医師が宿直をしていることもあると思います。「専門は皮膚科です」というような場合、なかなか受け入れることに前向きにはなりません。なにしろ、何かあったら批判されるのは病院ですから。

しかし、当時の私は、本当に困っている高齢の病人に対し、受け入れない、という言葉を当たり前に言える病院とは、いったい何のための病院なのか？　誰のための病院なのか？　と病院に対し怒りにも似た気持ちがあったことを思い出します。

最近、コロナの感染拡大で、コロナ患者の受け入れ先病院が決まらないとか、決まらずに自宅で亡くなってしまったとかという報道を耳にしますが、私のイメージでは、高齢者、特に認知症の高齢者は、昔から搬送先を探すのにひと苦労していたと思います。

だから、老人ホームの協力医療機関は、事前に地域の病院に根回しを行い、受け入れる約束を取り付けることで、老人ホームに対する自分の医療機関の優位性をアピールし、老人ホームの仕事を獲得することを目指しています。これは、医師の医療スキルの話ではなく、たんに営業の話です。しかし、老人ホームの介護職員としては、心強い話であることに変わりはありません。

だから、私は老人ホームの医療に対する重要性に関し、原則、期待はしていないし、必ずしも重要だとは思っていません。しかし、どうしても医療に対する信仰心が強く、「医療＝安心」というのであれば、協力医療機関の医師がホームの近くに住んでいて、すぐに駆けつけてくれるかどうかが一番重要だと考えています。まずはここを確認するべきです。そして、すぐに駆けつけてくれる医師がついている老人ホームは、たとえ、24時間看護師配置がなくても、医療対応は優《すぐ》れているという理解でよいと思います。

余談ですが、以前、私が医療のことを習った医師は、ホームの中に住んでいました。別のところに家を持っていましたが、複数の居室を自室に改装し、そこに住んでいました。かなり変わった医師で、日ごろの扱いには相当苦労をしましたが、入居者の命は自分が守るという気持ちが強く、それこそ24時間365日、ホームにいるため、入居者も介護職員も看護師も安心して仕事をすることができていました。

医師としての腕の有無は、もちろん私には知る由《よし》もありません。しかし、高齢の入居者にとっては、少なくとも安心できる大きな存在であったことは事実です。多くの入居者が、その医師に看取られて自分が死んでいくことを望んでいたのですから。

老人ホームの医療は正直、脆弱《ぜいじゃく》です。盤石《ばんじゃく》ではありません。また、老人ホームに医療を求めること自体、私は違うような気がしています。介護は医療の下請けでも、親戚でもありません。まったくの別物です。人の生活を支えるための日常ですから、医療のような非日常の世界とは親和性は少ないと私は感じています。

しかし、多くの高齢者やその家族は、医療に対する信仰心が強いのもまた事実です。したがって、老人ホームに対し、過度に医療に対する期待をする気持ちもわかります。

私が本書で言いたいことは、現実を理解するということ。そして冷静になって考えるということです。その中で、どうしても譲れないというのであれば、医療があればとにかく安心できるというのであれば、医療に依存すればよいと思います。

スタッフがよく辞めているホームには、問題がある

一般的に介護業界では、次のように言われています。多くの老人ホームでは、介護職員が足りません。そしてその理由は、賃金の安さと重労働にある、と。世間一般では、そう

いうことになっています。そして、介護職員を確保するために、国は、賃金を上げるような介護保険報酬に舵《かじ》を切っています。

しかし、本当にそうなのでしょうか？　介護職員は、本当に、低賃金と重労働を理由に辞めているのでしょうか？　さらに、老人ホームの正しい選び方という観点から考えた場合、介護職員の離職の激しい老人ホームは、本当にダメなホームなのでしょうか？　この節では、この切り口で老人ホームについて話を進めていきます。

実は、介護職員が辞めていく最大の理由は、賃金ではありません。さらに言うと、介護職員の賃金は、低いどころか、ほかの産業と比較した場合、私は高いほうではないのかと考えています。その理由は、「処遇改善加算」といって介護職員の賃金を上げるべく、新しい介護保険報酬が創設されたからです。そのおかげで、多くの老人ホームの介護職員の賃金は、改善しているはずです。

この制度に課題があるとするなら、今後、できる介護職員とできない介護職員とでは、賃金に格差が生じていくという点だと思います。今後は、何をもって介護職員を「できる」「できない」と評価するのか、という評価基準の整備が急がれます。

介護職員が辞める真因は、私に言わせれば「介護流派」のミスマッチです。このひと言に尽きます。つまり、多くの介護職員は、「自分の考える正しい介護ができない」という理由で離職し、ほかのホームに移籍していきます。

もちろん、最近では、右に記したように介護職員に対する処遇改善加算制度が周知されてきていて、同じ介護職員であっても数万円程度、A事業者のほうがB事業者の賃金より高い、というケースも散見されますので、賃金の高さを目当てに転職している介護職員も出現するようになりました。

そういう意味では、ひと昔前と比べると、介護職員と賃金は、リンクし始めたと思いますが、私に言わせれば、介護職員という仕事がプロの仕事に昇華してきている証拠だと考えています。

「介護流派」で老人ホームを選ぶことが、なぜ大切か？

「介護流派」について、少し詳しく話をしていきたいと思います。なお、わかりやすく説明するために、少し誇張して説明しますが、次のように考えていただければよいと思います。仮に、の話です。あなたが寝たきりになり、老人ホームに入居したとします。寝たきりなので、常時オムツを装着し、全介助で生活しています。想像してみてください。深夜23時ごろから朝の5時ごろまでの排泄介助の話です。

介護職員Aさんは次のように考えます。最終排泄を23時に終了させ、その後、朝5時までは排泄介助に入りません。オムツ交換時に覚醒してしまうからです。高齢者の多くは、一度目が覚めてしまうと、その後、眠れなくなってしまう者も多く、結果、夜、昼間帯で寝てしまい、昼夜逆転した生活になってしまい健康を害する、という建て前で仕事をしています。したがって、長時間排泄介助をしなくてもよいように、高吸収機能の尿取りパットを23時の最終排泄時に装着するということになります。

介護職員Bさんは、次のように考えます。高吸収機能の尿取りパッドを装着したとしても、本人の不快感を排除することはできない。高吸収機能の尿取りパッドは、単に、衣類や寝具を汚さないというためのものだ。つまり、余計な仕事を増やさなくてもよいという意味では、効果的だが、本人のことを考えると……。自分は、排泄介助時に覚醒してしまい、その後、朝まで起きてしまうリスクよりも、不快な思いをして寝ていることのほうが嫌だ。だから、起きようとどうしようと、私はオムツを汚染された状態で長時間放置することにはNOである。したがって、23時の排泄の後は、3時に1回オムツ交換をする。これが正しい介護である、という主張をします。

みなさんは、どちらの介護を望みますか？　ちなみに、私が介護職員になった時は、次のような研修を受けました。一日中、オムツを装着し、トイレに行ってはならない、という研修です。時代背景だと思いますが、今、このような研修をしようものなら、なんとかハラスメントだと言われそうです。一日中、トイレに行けないので、用はオムツの中に用をたさなければなりません。たしかに、尿取りパッドを装着しているので、衣類にまで尿が染み出ることはありません。しかし、明確に、はっきりと、濡れていることはわかります。正確に言うと、蒸《む》れているというほうが正しいかもしれません。

私は、この研修を体験して、オムツ交換の大切さを学びました。たしかに、衣類は汚れません。しかし、不快感はあるため、この不快感から早く離脱するためには、速やかなオムツ交換が必要なのです。さらに言うと、一人ひとりの排泄リズム、排泄習慣を把握できれば、その時間にトイレ介助に入ることで、オムツを汚すことなく、生活をしてもらうことも可能です。

話はそれますが、私が現役の介護職員だったころは、オムツ代にうるさい家族も少なく、「なんで、今月はこんなにオムツ代がかかっているのか！　トイレ誘導を初めにやっているのですか？」と指摘されたものです。

介護職員は、この家族のリクエストに応えるために、なるべく、汚したオムツの交換をしなくてもよいように、入居者の排泄リズムを把握し、排泄前にトイレ誘導を行い、トイレで排泄をさせるということを目指して仕事をしていました。当時は、たんに、家族のリクエストに応えるため、家族から怒鳴《どな》られたくないため、という意識が強かったと思います。

今の介護業界では、このような取り組みを「自立支援」といって、重要な介護だとしていますが、残念ながら、このような介護を実践できている老人ホームは、私の周囲では見当たりません。老人ホームの数が増えている中、その分、介護の質が落ちていることはしかたのないことなのかもしれません。

ちなみに、これからの介護は、このようなことをもっと、科学的な方法論を駆使して解決させるようになると思います。機械や装置を使って、個人の排泄周期を把握するということです。私が介護現場にいた時も、ある大手企業から食事の後にカプセルを飲むと、そのカプセルが胃から小腸、大腸と便とともに移動し、今の便の位置を教えてくれるので、便が十分に下がってきたタイミングでトイレ誘導をしてはどうかというような提案を受けたことがあります。今は、もっと進化しているはずです。

介護流派の話に戻します。みなさんは、A介護職員とB介護職員と、どちらの介護職員に介護支援をしてほしいでしょうか？　これが流儀の話です。そして、この流儀を組織全体のルールとして展開することを介護流派といいます。

つまり、介護流派とは、老人ホームに存在している「介護マニュアル」のことだと理解すればよいと思います。ちなみに、老人ホームを選ぶ際、「介護マニュアル」の確認をするという入居者や相談者は皆無ですが、実はこれが老人ホームを選ぶ際には重要だということになるのです。もちろん、老人ホームのことを勉強している人の場合は、ということになりますが。

老人ホームのパンフレットやリーフレットなどの宣伝広告ツールには、老人ホームの代表的な介護流派の総論、つまりモットーとかお題目とかが明記されているのが普通です。たとえば、『入居者に寄り添う介護を実践しています』とか、『入居者の尊厳を大切に、自分らしい生活を最後まで』とかさまざまです。ちなみに、私がかつて働いていた老人ホームのお題目は、「絶対にNOとは言わない」でした。

そして、この介護流派ダイジェスト版を現実的なものにするために、あるいは、よりわかりやすくするために、多くの老人ホームでは「介護理念」が明文化されています。思考の「見える化」です。そして、それらを実践していくために「介護マニュアル」とか「介護手順書」なるものが整備されているはずです。

つまり、介護マニュアルを見れば、本当に、介護理念を実践しようとしているのかどうかがわかります。介護マニュアルを確認すれば、本当に、そのお題目を実行するために老人ホーム全体で真剣に取り組んでいるのかがわかります。

多くの老人ホームのパンフレットに騙《だま》されてはダメです。心地よい響きのキーワードや文字が並んでいますが、言うのはタダです。本当に実践しているかどうかは、パンフレットを見てもわかりません。本当にできているかどうか、目指しているかどうかは「介護マニュアル」を確認する以外に方法はありません。

介護マニュアルに関し、私の考えを記しておきたいと思います。

私は、老人ホームには、介護マニュアルは不要だと考えています。介護マニュアルが存在しない老人ホームが、理想の老人ホームです。マニュアルなどなくても、各職員が各自で考え、自分のやるべきことをやる。これが理想です。その理由は、介護支援は、人に対する「思いやり」がすべてだからです。人に対する「思いやり」にマニュアルもくそもありません。ましてや教育などナンセンスです。

しかし、介護は、介護保険法の施行から20年以上の時がたち、介護は商売になりました。商売になったということは、介護が好きな人や向いている人だけで仕事をするわけにもいかず、向いていない人でも、一定のレベルまではできるようにしなければならないということです。したがって、そこには、教育や訓練という行為が発生し、介護マニュアルという仕事の手順を示した方針書が存在しなければならないということになるのです。

つまり、私は、介護マニュアルは必要だと考えています。しかし、介護マニュアルを突き詰めていけば、そのうち、不要になっていく。介護マニュアルを突き詰めて厳格に実践していけば、介護マニュアルがなくても問題なくホーム運営ができるようになるはずだと考えています。そして、多くの心ある事業者はそこを目指すべきだと考えています。

まずは営業担当者に聞いてみましょう。確認してみましょう

老人ホームの営業担当者に、次のようなことを聞いてみてください。

パンフレットなどの営業ツールに「入居者に寄り添う介護」というようなキーワードが踊っていたら、「いったい、どのように寄り添ってくれるのですか？」、「そもそも、寄り添うってどういう行為を言うのですか」と。多くの老人ホームの担当者は「……」のはずです。つまり説明ができません。これが多くの老人ホームの実態です。

老人ホームの運営は、労働集約型業務です。多くのスタッフがかかわる仕事です。介護職員のみならず、営業、事務、管理部門などさまざまな業種のスタッフが協働して仕事をしています。その中で、本当にしっかりと真剣に仕事に取り組んでいる老人ホームは、隅々のスタッフ一人ひとりまで、しっかりと訓練ができています。

「寄り添う」とは、どういうことなのか？　私が考える「寄り添う」ということを説明しておきたいと思います。以前、ある僧侶から聞いた話です。この僧侶は、東日本大震災の後、被災地にボランティアとして１００回以上入りました。そして、瓦礫《がれき》の撤去やヘドロ

の掃除をしたといいます。その時に、彼が感じていたことは、東京から、たまに来ては、掃除の手伝いをしている自分に、被災者と同じ気持ちになれるのかということです。被災者の中には、大切な人を亡くし、または、大切な家をなくし、途方に暮れている人も数多くいます。自分が、その被災者と同じ気持ちになって、瓦礫やヘドロの掃除ができるわけがない、と。

しかし、たまに来ている自分にも、この瓦礫を撤去して、道路を通れるようにしたい、とか、ヘドロを奇麗にしてまた人が住めるような家にしたい、という気持ちであれば、彼らと同じ気持ちになれるはずだ言っていました。私はこの話を聞いた時、この僧侶は、まさに介護業界で言うところの「寄り添う」ことの実践者だと思いました。

老人ホームにおいても、その入居動機は十人十色です。他人には、とうてい理解することができない事情があります。したがって、たんに、「入居者がかわいそうだ」とか「子供は財産目当てで酷《ひど》い」などと無責任な評価をしてはダメなのです。どの家族にも、数十年間という長きにわたる歴史があり、ほんの一瞬触れた他人が、評価できるものではないからです。

この意味では、入居者や家族に寄り添うことなどできるはずもありません。しかし、目の前の入居者を見て、人の手を借りないで歩けるようになりたいとか、自分のことは自分でなんでもできるようになりたいという要望に対し、その要望が叶《かな》うように支援していくことは、「寄り添う」ことになるはずです。

つまり、寄り添うとは、その人と同じ方向を向き、同じ目的を共有している状態を言うのです。多くの介護職員は、入居者に寄り添うと言いながら、その実、入居者や家族と対峙しているだけのような気がします。多くの老人ホームが大安売りの「寄り添う」について、ぜひ、具体的な話を聞いてみてください。相手の本音が見えてきます。

老人ホームの本当に見るべきところとは？

老人ホームには、さまざまなスタッフが働いています。多くの入居希望の方は、老人ホームの見学時に、介護や看護職員など介護を直接担っている職員の仕事ぶりばかりに着目してしまいがちです。しかし、重要な着目点は、それ以外のところにあるものです。

たとえば、営繕業務をやっている職員がいる場合は、その職員はどんな人なのか？　給食は委託なのか自前なのか？　ホーム内の清掃は誰がやっているのか？　ホームに配置されているケアマネジャー、生活相談員、事務職員はどのような人たちなのか？　そして何より、入居者の生活の様子はどうなのか？　ということです。

多くの老人ホームでは、営繕職員の主な仕事は、送迎時の自動車運転や設備、備品の修理や交換作業などのメンテナンス業務がほとんどです。つまり、老人ホーム内の便利屋さんです。エアコンのフィルターの清掃や車いすのパンク修理、汚物の搬出や花壇の手入れなどなどです。

当然、多くの入居者と接点やかかわりを持っていて、入居者の情報はもとより、介護職員などの情報も実に多くを持っています。

私は、老人ホームに訪問に行った時など、営繕職員を見つけては、たわいもない話をするのですが、その内容で、当該ホームの介護の質は、おおむね「わかる」と考えています。

「うちのホームは、感染症に気をつけているので、ホーム長から汚物の搬出は、必ず、ポリ袋を三重にして、さらに、入居者が使用しているエレベーターは使用してはダメなんですよ。だから、非常階段を使うので大変です」などと言っているホームは、しっかりしています。

つまり、家にたとえると、介護職員など介護を直接担当している職員は、内装や家具です。営繕職員や事務系職員は、見えない基礎や土台です。しかし、本当に良い家は、基礎や土台など見えないところまで手を抜かずしっかりできています。

営繕職員のような主役ではない職員まで、しっかりと介護流派が浸透していると、このホームは、自分たちのスタンスをしっかり理解し、実践しているホームだということがわかるのです。

そして、この流儀流派が、実は老人ホームを選ぶ時に特に重要な要因であるということになります。私は長年、老人ホームの営業戦略というテーマでセミナーをしていますが、その中で、老人ホームには「ショーウインドー化」が重要だと言ってきました。

しかし、なかなかスムーズに「ショーウィンドー化」に取り組む老人ホームはありません。なお、老人ホームの「ショーウィンドー化」とは、言い方を変えれば、老人ホームの流派の「見える化」ということでもあります。そして、その見える化の最大のポイントは、介護職員と入居者の実態の見える化なのです。だから、老人ホームを選ぶ際は、必ず現地を確認することが重要になるのです。

ホームのショーウインドー化とは何でしょうか？

老人ホームのショーウインドー化について、少しだけ触れておくことにします。

例を挙げます。あるスーパーに行くと、次のような光景が目に飛び込んできます。A社の牛乳1パック100円。ただし、当店には、A社以外の牛乳の取り扱いはありません。という但し書きがあります。

つまり、100円という価格は、圧倒的に安いということがわかります。そして、安くできる理由は、A社以外の牛乳を取り扱っていないからだ、ということがわかります。安い理由を正直に説明し、それを理解している消費者だけが購入しているという仕組みです。したがって、他社の牛乳にこだわっている人はこの店では購入しない、ということなのだと思います。

老人ホームも同じです。なぜ、廊下は狭いのか？　なぜ、廊下の手すりは2段構造になっているのか？　なぜ、この場所に職員管理室があるのか？　なぜ、この場所に物入れがあるのかなどなど。多くのホームでは、内装や構造について、かなりの工夫をしています。中には、設計の段階でかなりの時間をかけて工夫を凝《こ》らすケースもあります。しかし、残念なことは、そのことを外部に対し発信しないため、その苦労が報われることはありません。ひどいホームは、そこで仕事をしている介護職員でさえ、知らなかったというケースがあります。

廊下はなぜ狭いのか？　老人ホームの中には、無駄に広い廊下を持つホームも少なくありません。見た目は、広々として気持ちが良いのですが、私は狭いほうが良いと考えています。理由は、転倒防止になるからです。広い部屋だとつかまるところがないため転倒しやすくなりますが、狭い部屋だと、何かしらにつかまることができるので、転倒防止につながります。

また、廊下に設置されている手すりは、多くの老人ホームの場合、2段構造になっています。理由は、上の段は歩く人のため、下の段は、車いすで自走する人のためです。このようなケースは、説明をしないとわかりません。前出のスーパーのように、張り紙やポップで説明書きをしておくと「なるほど」ということになり、見学に来た人にもわかりやすく、さらに、こんな工夫をしているのか？　ということが理解でき、当該ホームの介護方針が伝わってきます。

介護とは、哲学とか思想とかに近く、方針とか考え方が重要になってくるものです。それを、私は流儀流派と言っているのです。

したがって、しっかりと、自ホームの介護方針が入居希望者に伝わるということが重要であり、この介護方針が自分にとって、あるいは、自分の親にとって、合っているかどうかが重要になっていくということなのです。

さいごに

最近、サステナブルという思考がもてはやされています。老人ホームも、持続可能で発展していくことが重要だと思います。

しかし私は、今の状態ではとても持続が可能だとは思えません。ある人は、介護職員を全員公務員にするべきだと言っていますが、私もその意見には賛成です。少し乱暴な話だとは思いますが、今のまま無策でいくのであれば、公務員化のほうが良いと思います。

理由は、介護業界に収益至上主義が蔓延《まんえん》しているからです。多くの介護企業は、儲かる高齢者と儲からない高齢者とを区別し、儲からない高齢者を入居調整、退去調整という都合の良い言葉を使って、事実上切り捨てています。それでも、儲からない高齢者に対し、行政がセーフティーネットを用意していればよいのですが、そういうわけでもありません。

見ている限りでは、儲からない高齢者を行政と民間企業とで押し付け合いをしているありさまです。反論や地域性などもあろうかと思いますが、少なくとも私がいる首都圏では、そう見えます。しかし、これも、何度も言っていることですが、今の制度では、仕方がない話です。一方的に企業を責めることはできません。なぜなら、そうしなければ、企業は生き残ることができないからです。民間企業が介護業界へ参入した時点で、この現象は容易に予測できたはずです。

今、企業も行政もそして入居者や利用者など、介護や老人ホームにかかわるすべての関係者が、考えなければならないことは、渋沢栄一の言うところの「論語とそろばん」であり、二宮尊徳の言うところの「経済なき道徳は寝言であり、道徳なき経済は犯罪である」ということです。

最近では、ドイツの哲学者であるマルクス・ガブリエル教授なども、なぜ企業には、顧問税理士がいるのに、顧問倫理学者や哲学者がいないのか？　と主張しています。つまり、倫理資本主義の提唱です。

私は、難しいことはよくわかりませんが、私流に言わせていただければ、介護の世界は「おかげさま」と「おたがいさま」です。介護支援をする側もされる側も、常に「明日はわが身」であり、一方で、「介護を必要としている人がいるから仕事がある」ということを考えるべきなのです。その昔、記憶が定かではないため、もしかすると私の勘違いかもしれませんが、国連難民高等弁務官であった緒方貞子さんが、次のような話をしていたと記憶しています。

「難民救済は、慈愛ではなく、連帯である」と。

私は、これを次のように解釈しています。難民は気の毒な人たち。だから、豊かな我々が救済しなければならない、と考えるのではなく、自分たちが何不自由なく生きていけるのは、難民として生まれ、そして貧困や不自由の中で餓死している人たちがいるからこそのおかげではないか、と。彼らの犠牲の上に、我々は生かされているのだから、慈愛ではなく、連帯なんだ、と。

高齢者介護も、同じだと思います。どのような制度や仕組みを作ろうとも、生身の人間の生活を支えることはできません。不完全なものになってしまいます。だからこそ、企業も利用者も「おたがいさま」と「おかげさま」の精神で、お互いのことを思いやることが重要になっていくのです。

介護保険料を支払っているのだから、サービスを受けるのは当たり前だと考える利用者、つまり権利を行使するという利用者が増えていると言われていますが、これでは、いくら介護職員の待遇を上げても追いつきません。制度や仕組みの限界です。

利用者側は、自助、互助をしっかりやって、けっして事業者に丸投げをしないこと。そして、事業者は、共助の担い手として、プライドと情熱を持ってしっかりと利用者とその家族を支えていくこと。そして、どうにもならない場合は、国家の公助が機能しなければならない、ということ。

これが、介護保険事業がサステナブルに発展することだと、私は考えています。

小嶋勝利 こじま・かつとし

株式会社　AFSON TRUST NETWORK 常務取締役
公益社団法人　全国有料老人ホーム協会　業務アドバイザー

神奈川県生まれ。介護付き有料老人ホーム「桜湯園」で介護職、施設長、施設開発企画業務に従事する。2006年、有料老人ホームのコンサルティング会社 AFSON を設立。2010年、有料老人ホーム等の紹介センター大手「みんかい」をグループ化し、入居者ニーズに合った老人ホームの紹介に加えて、首都圏を中心にホームの運営コンサルティングを行っている。老人ホームの現状と課題を知り尽くし、数多くの講演を通じて、施設の真の姿を伝え続ける。医療介護の経営情報誌　日経ヘルスケア誌に「覆面調査員が解決！介護現場再生の秘訣」を長期連載中。『誰も書かなかった老人ホーム』『老人ホーム　リアルな暮らし』（共に祥伝社）、『老人ホームのお金と探し方』（日経 BP）、『もはや老人はいらない！』（ビジネス社）などの書著がある。

間違いだらけの老人ホーム選び

2021年11月18日　第1刷発行

著者　小嶋勝利

発行者　長坂嘉昭
発行所　株式会社プレジデント社
〒102-8641　東京都千代田区平河町2-16-1
https://www.president.co.jp/
電話：編集(03)3237-3732　販売(03)3237-3731
編集　桂木栄一
編集協力　水無瀬 尚
校正　聚珍社
装幀　仲光寛城（ナカミツデザイン）
制作　関 結香
販売　高橋 徹　川井田美景　森田 巌　末吉秀樹
神田康宏　花坂 稔　榛村光哲
印刷・製本　萩原印刷株式会社

ISBN 978-4-8334-2435-6

Printed in Japan